一生、運がよくなり続ける!
「そうじ力」ですべてうまくいく

そうじ力研究家
舛田光洋
Mitsuhiro Masuda

三笠書房

プロローグ

「そうじ力」には人生すべてを好転させる力がある。
二十年以上、私が本やセミナーなどでお伝えしてきたことを、あらためてみずからも実感しています。

すべてとは、
あなたの人生に立ちはだかるあらゆる問題や悩みの解決、さらに恋愛、結婚、お金、子宝、仕事能力の向上、人間関係の改善、夢の実現など……、あなたが望む幸せのことです。

それを叶えるのが、

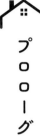

そうじです。

単なるそうじではありませんよ。

「そうじ力」です。

そうじをすると部屋はきれいになりますが、それだけですべてがうまくいくわけではありません。一方、「そうじ力」は、そうじと心の法則を組み合わせた、運命を好転させる実践型のメソッドです。

つまり、そうじ力は、**「あなたの部屋はあなた自身を表わしている」**という考え方が中心にあります。部屋が自分の心の表われであることを意識してそうじをするところから始まります。

「心」は、取り出して見ることができません。たとえ、あなた自身の心であっても、今どのような状態なのか、取り出して見ることはできないですよね。

でも、部屋を見れば、あなたの心を見ることができます。

部屋が変われば、心が変わる。
心が変われば、行動が変わり、その結果、人生が変わる。

なぜ、これほど力強く確信を持って断言できるのかというと、二〇〇五年から始めたそうじ力の活動の中で、世界中のさまざまな人たちが、そうじ力を実践して、それぞれの問題を解決し、夢を叶えていく姿を見てきたからです。

ある二十六歳の女性は、恋人とうまくいかないことに悩んでいました。相手に依存しすぎているのが原因だと感じていた彼女は、彼への執着を断つべく、大量の洋服を捨てました。部屋の中がスッキリした勢いで美容室に行き、思いきってショートヘアにしました。すると、翌日恋人からプロポーズされ、結婚が決まりました。

ずっとあきらめていた子宝に恵まれた方もいます。

先日、友人のセミナーに参加したときにエレベーターの中で『『そうじ力』の舛田先生ですよね？」と、女性に声をかけられました。

「はい」と答えると、彼女は深々と頭を下げて「じつは十七年前、舛田先生に子どもがなかなかできないことを相談したんです。そのときにアドバイスしていただいたことを実践したら、すぐに子どもができたんです！　今その子は十七歳です。本当にありがとうございました」というのです。ちなみにそのときのアドバイスは、寝室を徹底的にきれいにすること、古い下着を捨てて、新しくすることでした。


三年前に韓国で私の本がリニューアル出版され、そうじ力が再びちょっとしたブームになっていたときにこんなことがありました。

韓国の読者からの依頼でオンラインセミナーを行なったのですが、質問の時間になったとき、一人の男性が突然「あなたは命の恩人です」といってきたのです。話を聞くと、彼は事業に失敗して、借金で首が回らなくなり、一家心中するしかないというところまで追い込まれていたそうです。

そのとき、韓国語版「そうじ力」に出会って衝撃を受け、ひたすら実践するうちに、みるみる生きる力がわいてきたといいます。そこから事業を復活させ、三年で借金を返して、さらに現在は年間三億円の利益を出せるまでになったそうです。その体験を本にして出版したら、ベストセラーになったといいます。
そうじ力を実践して、借金を返し、利益を出し、さらには本を出版することができたという奇跡の話です。

中国で講演をしたときは、講演後のサイン会にお母さんと一緒にきたお子さんから、「毎日、勉強を始める前に学習机の上を両親に感謝しながら拭いてから勉強に取り組んだら、志望校に合格した」と、お礼をいわれたこともありました。

さあ、あなたも今、奇跡の瞬間に立ち会っています。
本書との出会いによって、人生が輝きだすからです。

この数年、社会は大きく変化しました。オンラインでできることが多くなり、家や部屋の役割も変わってきました。

世の中は今、新しく生まれ変わろうとしています。
新しく生まれ変わりたいという方々も増えています。

そんな今だからこそ、たくさんの方への感謝の思いを込めて、本書を執筆しました。人生の流れがよりよくなるよう、新たな視点も盛り込んでいます。

本書を手にしたあなたは、人生を磨くチケットをすでに手にしています。あと必要なのはただひとつ、「動き始める」こと。
窓を開け、テーブルをひと拭きするだけでも、未来が変わる新たな流れにつながります。

さあ、これからの人生にどんな変化が起こるでしょうか?
ワクワクしながら、そうじ力を一緒に始めていきましょう。本書が、あなたの人生を最高に輝かせるきっかけになってくれることを、心から願っています。

Contents

第2章

「そうじ力」で人生を変える第一歩

第3章 運がよくなり続ける「そうじ力」の実践

第4章

「そうじ力」で実現する、願いが次々に叶う部屋

第5章 一日「ひと拭き」から始まるうれしい奇跡！

編集協力　山岸凜

第1章

人生がうまくいかないのは「部屋」のせい？

いいえ。片づいていない部屋は、あなたが頑張っている証拠です

離れて暮らす娘の部屋にはじめて入ったときの話です。

現在、私の長女は実家を出て、都内でひとり暮らしをしています。地方に住む私は、東京で仕事があるときは、娘の家に泊まることもあります。


娘の仕事が終わる前に都内の家に着いた私は、「先に着いたから、家に入っているよ」と連絡をしました。

すると、「入らないで！　すごいことになっているから」と、悲鳴のような返信が。

ですが、そのまま外で待つこともできず、先に部屋に入ってみると、洗濯物は干しっぱなし、カーテンは閉めっぱなし、床にもモノが散乱していました。キッチンには洗われていないお皿が重ねられています。

私の知る長女は、家では毎日リビングの床磨きをして、机の上もいつもきれいにしてい

ました。家族の中でいちばんのきれい好きだったのです。

信じられない、あの長女が……。私はその場に立ち尽くしてしまいました。

最初はその乱れた状態に驚いたものの、とりあえず、部屋のそうじに取りかかりました。

小さなちゃぶ台の上には、コンビニの弁当、カップ麺の容器、調味料や飲みかけのコーヒーなどが置かれたままになっていました。娘の食生活が荒れているのがわかりました。

部屋をそうじしていると、次第に娘の日常が見えてきました。

今の娘の葛藤が痛いほど伝わってきて、胸がいっぱいになりました。

はじめてのひとり暮らしで寂しかったり、怖かったりしたこともあっただろう。新入社員で覚える仕事も多い中、早く一人前になりたいと精いっぱい頑張っているのだろう。仕事に全エネルギーを使って自宅に帰ってきて、何をする気力もなく、寝るだけの生活になっているのだろう……。

部屋はありのままの娘の姿を、私に教えてくれました。

しばらくして、娘が仕事から帰ってきました。

開口一番、「部屋、汚いでしょ。ぜんぜんそうじとかできていなくて、ごめんなさい」といいました。

申し訳なさそうにしている娘に「いい部屋だよ。よく頑張っているね。外でいっぱい闘っているんだね」と伝えると、娘の目からポロポロと涙がこぼれました。


部屋のそうじもできないダメな自分。

無意識のうちに娘は自分を否定して、責め続けていたのかもしれません。

娘の姿が私自身のことと重なって、より愛《いと》おしく感じました。

きれいな部屋が、乱れてしまうとき

私は、二〇〇五年に初の著書を出版して以来、「そうじ力」は片づけブームの源流となり、著作は五十冊を超え、国内外でシリーズ累計三八〇万部のミリオンセラーになりました。執筆以外にも講演やセミナー、企業向けの環境整備コンサルタント業も行ない、多忙な日々を過ごしていました。

しかし、二〇二二年に『一倉定《いちくらさだむ》の環境整備』（日本実業出版社）を出版するまでの約四年間は、引きこもりのような生活をしていました。忙しすぎる毎日に疲れてしまったんだと思います。

そのときの私の部屋は、きれいでした。そうじも行き届いていて、整っていました。活動していないのだから当然です。徹底的に部屋と心を見つめ、そうじ力を実践する生活を送っていました。

しかし、そのおかげで、新しいビジョンが見え、新しいステージを引き寄せました。経営コンサルタントとして一万社の赤字会社を再建させた一倉定先生のご子息である、一倉健二さんとの出会いによって、一倉先生の評伝を執筆、刊行することとなったのです。

それからたて続けに新たな書籍の出版が決まり、また、ＳＮＳを始めたり、オンラインセミナーや講演を行なったりするうちに、新たなコンサルティングの依頼も多くなりました。出張が増え、多くの人たちとの出会いが広がり、どんどん活動的になっていきました。

すると、あれだけきれいに整っていた部屋が、たちまち荒れていったのです。

部屋をそうじする過程は、自分の心を整える時間です。私はそれがあったから新しいステージを引き寄せることができました。それは事実です。

しかし、新しいステージに上がり、そこでまた日々格闘していると、やはり部屋は乱れるのです。忙しさに追われて、余裕がなくなるからです。

☐今の自分の部屋を認め、ほめる効果

忙しく活動するからこそ、部屋は乱れ、汚れるのです。成長過程であればあるほど、新しい知識の習得や出会いにエネルギーを費やし、汚れる度合いは強くなるでしょう。新たな挑戦をしたり、何か壁にぶつかったりしているときも同じです。私もそうでした。

でも、そんな自分の部屋を、今はとても誇らしく感じています。

これは、頑張っている証拠ですからね。

もう一度、あなたの部屋を見てみてください。

散らかっていたり、汚れていたり、ホコリが目立つところがあったりするのではありませんか?

そうであるならば、「よく頑張っているね」とほめてください。

そうじができないほど、「よく頑張っているね」と自分にいってください。

部屋は本来、自分を癒す場所です。

自分を責める場所ではないのです。

あなたの部屋も、一瞬にして癒しの空間に変わったのではないでしょうか。

そうじもできないダメな自分が、頑張っている自分に、今変わったのです。

そうじ力でまず捨てるべき「思い」

人はなぜ、部屋が汚いと自分を責めてしまうのでしょうか。
私は仕事柄、いろいろな部屋に入ります。会社にも入ります。すると、必ず、一〇〇パーセントといってもいいくらい、みなさんこういうのです。

「汚くてすみません」

そこで私は、「私は裁《さば》きにきたのではありません。赦《ゆる》しにきたのです」と冗談をいって安心してもらっています。

あなたの部屋を見まわしてみてください。
あなたの部屋に置かれているものは、もれなく自分で選んで買ったものだと思います。

いただきものがあったとしても、そこに置くことをよしとしているのは自分です。乱雑にしているのも、汚れをそのままにしているのもそうです。そういったものであなたの部屋の中は構成されているのです。


私もかつては部屋をきれいにできない自分を責めていた時期がありました。

でも、そこで気づいたのです。

モノが乱雑に散らかった部屋を見て、それを否定することは、今までの自分を否定することだと。

今の自分が、過去の自分をダメな人間だと否定すると、今の自分もダメな人間だということになりますし、未来の自分までも否定することになります。

部屋は自分自身そのものです。

否定のエネルギーは、人間のやる気を奪いますから、ますますそうじをしようと行動を起こす気力が出てこなくなります。

□部屋が片づいていないのはいけないこと？

「部屋を積極的にほめましょう」

最近、私はセミナーなどで真っ先にこう提言しています。

以前は、家の中でどの部屋が汚れているのか、どこが乱れているのかを見つけ、それがどんな悪影響を及ぼすのか、ということを先にお伝えしていました。

もちろん、それも人生を好転させるそうじ力を実践するには、必要なステップです。

ですが、いつしか時代の流れの中で、**常に部屋は整っていないといけない、モノが多いのはいけない、片づけができていないといけない……**、という風潮になってきているように感じます。

そうした考えに縛られ、疲れて、そうじはもちろん、何をしたらいいのかわからなくなっている人も増えています。

そうじをする気力すらわいてこない、心のエネルギー不足。

それは、部屋の状態を見て〝自分の悪いところ探し〟をしてしまうからです。それによって未来を変えようという前向きな気持ちが打ち消されてしまうのです。

どんなにぐちゃぐちゃな部屋であっても、まず部屋（自分）をほめてみてください。部屋が汚れたのは日常生活が忙しくて、頑張って生きている証《あかし》なんだと、自分がつくった部屋の状態を受け入れてください。

私がこの話をすると、はじめは「ほめるところがありません」と困惑していた人たちも、「ここ数年、部屋が荒れていたのは、子育てを頑張っていたから」「パートと家事の両方を何とかやろうとしていた」「机の上だけはモノを置かないように気をつけた」など、自分なりに頑張っていたことを思い出して、だんだん表情も明るくなり、自分を肯定できるようになっていきます。

すると、ほとんどの方がその日から「帰ってそうじをしました」「ホコリ取りから始めました」「洗面所の鏡を磨きました」「モノを捨てて、スッキリしました！」と、そうじを始めることができるようになるのです。

❏そうじがなかなかできないと悩んでいる人へ

自分の部屋を否定する（自分を責める）ことをやめる。

たったそれだけで、不思議と心は元気になり、やる気が生まれ、積極的な行動をとることができるようになるのです。

放置したままになっていたホコリがあってもいいのです。今、そのホコリを取り除けば未来は変わります。こんなに自分は頑張っていたんだと認めて、**ホコリを取り除いた瞬間、「この頑張りに見合う部屋に変えよう！」と、自然と心の切り替えが起こる**のです。

なんだかやる気が起きなくて、そうじができない。

そんな人は、まず部屋をほめて、心のエネルギーを充電しましょう。それからそうじに取りかかるとどんどん進みます。

あなたが帰りたくなる部屋を今思い描こう！

先の項目で、「モノが乱雑に散らかった部屋を見て、それを責める必要はありません」と書きました。

でも、だからといって、そのままの状態で放置していると、さらにやる気が起こらない、行動する気力がわかないといった悪影響を受け続けることになります。

あなたの部屋はそのような空間になっていないでしょうか？

家に帰る前は「帰ったらそうじをしよう」「あれをしよう、これをしよう」と意気込んでいたのに、部屋に入ったとたんに、やる気がなくなってしまう。

家に帰ると疲れがどっと出て、動く気力がなくなる。

こんな状態であったら、あなたは部屋が発するマイナスエネルギーに侵《おか》されているかもしれません。

たとえ話をしましょう。

汚い部屋で過ごしている人がいたとします。

朝、目覚めが悪く、起きたときから体が重いと感じます。部屋の中は乱雑の極《きわ》み。脱いだものは脱ぎっぱなし、食べたものも食べっぱなし、そうじもしばらくしていない。だるいし、会社に行きたくないなあと思っているうちに時間がなくなり、朝食のあと片づけもできないまま、しまわれていない靴でいっぱいの玄関から、あわてて出社です。

家を出ると、外は快晴、空気も澄んでいます。会社に着いて、同僚と話をしているうちに元気になってきます。そんな日は、仕事もうまくいって、上司にもほめられ、気分が上がります。

「今日は早く帰って資格取得のための勉強をしよう！」とまっすぐ自宅に帰ります。

ところが、帰宅して家のドアを開けると、散らかった部屋が、「お帰りなさい」といっているかのように待ち構えています。すると一気に、朝出かける前のどんよりとした気分に引き戻されてしまいます。

とりあえず、スマホでYouTubeを見たり、海外ドラマを見たり……。気がつくと、勉強を始めるのが億劫《おっくう》になっている自分がいます。会社を出るときは、あれほどやる気満々だったにもかかわらずです。

そのままダラダラ夜更《よふ》かしをして、気絶するように就寝。翌日は朝から自己嫌悪です。そしてまた、重い体を引きずるようにして出社する……。

とても不思議な現象ですよね。

部屋にいるときは、何をするにもだるくて、やる気も起こらないのに、部屋から一歩外に出ると、前向きになってやる気が出るのです。

じつは、これが**「汚れた部屋の影響力」**なのです。

汚れた部屋をそのままにしていると、部屋に一定の意思があるかのように、ひとり歩きをしてマイナスのエネルギーを発し続けるようになります。

このように、やる気や元気が吸い取られ、無気力になってしまう場所のことを、私はマイナスのエネルギー（磁場）空間と呼んでいます。

部屋に一定のマイナスのエネルギー空間がつくられると、その場所が磁力を持ったかのように、同質のマイナスエネルギーを引き寄せてしまいます。

それが高じると、次の章で説明する「危険空間」や「転落ギリギリ空間」のような強いマイナスのエネルギー空間がつくられ、そこから抜け出せなくなってしまうのです。

もちろん、この逆もあります。清潔できれいに整えられた部屋には、プラスのエネルギー空間がつくられ、それが同質のプラスエネルギーを引き寄せるのです。

❏部屋や空間にやどる不思議な力

部屋や空間にやどる力は、あなたが思っている以上に強大です。

とくに、部屋の中の不用品や汚れが発するマイナスエネルギーは、あなたのやる気や行動力を奪います。


私は、人混みや繁華街、騒音が激しい場所にいると、とても疲れてしまいます。自分が動き回っていなくても、疲れを全身にまとったような感覚になるのです。

そういうとき、私はいつもホテルのラウンジに逃げ込みます。

ホテルの美しく磨き上げられた空間は、プラスのエネルギーに満たされていて、エントランスロビーに一歩入るだけで視界がパッと明るくなります。体中にエネルギーが充電され、疲れがとれていくのを感じます。頭もスッキリとして、仕事のアイデアなども浮かびやすくなります。


私がこれまで訪れた多くの成功者たちの部屋も、清潔であることはもちろん、本当に必要なものだけが置かれた空間ばかりでした。

「そうじ力」が目指しているのは、まさにそんなプラスのエネルギーに満ちた部屋づくりです。


あなたが帰りたいと思うのは、どんな部屋ですか?

疲れて帰ってきても元気がチャージできる、部屋で過ごす時間がうれしい、心地よいと思える空間を、今ここで思い描いてみてください。

第2章

「そうじ力」で人生を変える第一歩

部屋はあなた自身を映し出す鏡です

そうじに取りかかる前に、あなたに最初にしてほしいのは、**「部屋を客観的に見ること」**です。

私は、これまでたくさんの部屋を見てきました。清掃の仕事をしていた頃、ビル清掃もそうですが、マンション清掃で各部屋に入る仕事もありました。

すると、左右対称というような違いはあっても部屋のつくりはまったく同じなのに、同じ部屋はひとつもありませんでした。

足の踏み場のない部屋、よくも悪くも普通の部屋、整理整頓されている部屋などです。

同じつくりの部屋であっても、住む人によって空間がつくられ、そこにはいくつかの特徴がありました。そして、そうじをするうちに部屋がその人そのもののように感じ、そこに住む人自身の心が表われていることに、気づいたのです。

前の章でも書いたように、**あなたの部屋はあなた自身を表わします。**
部屋にはありのままの自分が出やすいだけでなく、あなたの無意識（潜在意識）さえも表われます。

ですから、部屋を客観的に見ると、「たしかに部屋のこの部分に自分の心の状態が出ているな」「だから、ああいうことを引き寄せたり、こういうことを引き寄せたりしていたんだ」とわかってきます。

つまり、**正しく部屋を見ることは「正しく自分を見ること」につながる**のです。
この見方は、仏教でいうところの「正見《しょうけん》」にあたります。客観的に、冷静に見るということです。感情を抑え、理性の力で人生における悩みや問題を取り除いていくわけです。
そうじ力にもそれと同じ力があります。

すなわち、そうじ力では**「心いじり」**ができるのです。

ですから、自分の部屋を正しく見られるか見られないかが、きわめて重要になります。人生が変わらないなと感じていたり、人生が思ったようにいかないと感じていたりするときは、それが部屋にすべて表われるからです。

まずは、あなたの部屋と心の状態を明確にしていきましょう。**あなたの現状がどうなっているのかを知ること**が、最初のステップです。

たとえば、あなたがニューヨークに旅行するとします。計画を立てるときに最初にするのは、出発地点を決めることです。どこからニューヨークに向かうか。シカゴから行くのか、イギリスから行くのか、ベトナムから行くのか、日本から行くのか。日本であれば、札幌か、沖縄か、大阪か、東京か。出発地点がはっきりしなければ、かかる時間も、費用も定まりません。

ですから、あなたの人生を変える（目的地に行く）ために、部屋の現状（出発地点）を明確にしましょう。

□今いちばん気になる場所は、どこですか？

「あなたの部屋はあなた自身を表わす」という視点から、さらに部屋を読み解いていきましょう。

あなたの部屋を見まわしてみてください。
気になるところがありませんか？

その気になっている場所に、あなたの問題点が隠されています。

私はこの本の執筆中、自宅のトイレがとても気になっていました。
じつは、この本を書き始めてから、私はとくにトイレをきれいにするように心がけ、トイレの中の光りもの（蛇口、レバーなどの金物類）を、毎日磨いてピカピカにして、シンクや床もきれいにしていました。

ところが、締め切りが迫ってくるにつれて、「今トイレそうじをしている場合じゃない」という気持ちが、日に日に強くなっていきました。それまでずっと心を込めてそうじをしていたのに、時間をかけたくないので適当になっていったのです。

そしてあるとき、一日サボったところから、次の日も、また次の日もトイレそうじをしませんでした。

そうしてトイレそうじの時間を惜しんでまで一日中机に向かっているにもかかわらず、執筆が進まないのです。「産みの苦しみ」だと思いながら悶々《もんもん》とした時間を過ごし、もう間に合わない！　と思ったとき、私はようやく気づきました。

書けなくなったのは、「忙しいから」という理由でトイレそうじをサボるようになってからだということに。

そうじ力では、**トイレは「感謝と謙虚さ」を表わしている場所**と定義しています。

「原稿の締め切りが迫っているから、今日はトイレそうじをしなくていいかな」という気持ちが、すでに謙虚さを忘れ、焦りのサイクルに入ってきているサインだったのです。

私の主催するセミナーでも、参加者に、自分の部屋のどこが気になるのかを考えてディスカッションをしてもらうことがあります。すると、みなさんそれぞれ気になる場所が違います。ある人は靴箱だったり、物置だったり、クローゼットだったり……。

その気になる場所にその人の課題が表われているのです。

そして、その気になる場所をきれいにすることで運命を好転させるのが「そうじ力」なのです。

❑《部屋別》「幸運の鍵」の見つけ方

「正しく部屋を見る」と気づくことがいろいろあります。

汚れていたり片づいていない場所を見ることで、わかることもあります。

そうじ力だと、浴室が汚れていると、慢性疲労になっていたりします。

また、トイレをそうじするとお金が入ってくるとか、宝くじが当たるとかいわれることもありますが、**そうじ力では「神社」といったりします。**

前の項目でも書いたように、ここのそうじを疎《おろそ》かにして汚れてくると、感謝や謙虚さがなくなります。

謙虚さがないということは、傲慢《ごうまん》であるということです。「自分が、自分が」という自我《が》が強く出てくるので、人間関係のトラブルが起こりやすくなります。お金の流れも悪くなります。

リビングが汚れているとどうなるのでしょうか。

リビングは人間でいうところの心臓にあたります。心臓は、各臓器や手足など体中に血液を送り込むポンプの役割を果たしていますが、部屋もリビングからエネルギーが各部屋に伝わっていきます。

心臓であるリビングが汚れてくると、家族の調和が崩れていきます。イライラや怒りが増幅され、最終的には家庭崩壊の危機にまで発展することがあります。

窓ガラスには対人関係が表われます。「目は心の窓」といいますが、そうじ力では、窓は外部とのエネルギーを交換している場所です。

明るく社交的な人の部屋は窓ガラスもきれいです。一方、人との関係を遮断したいという気持ちが強くなると、窓ガラスが汚れてきます。

引きこもりや不登校の子どもなど、カーテンを閉めっぱなしにすることが多いですよね。ひどくなると段ボールで塞《ふさ》いだり、部屋の鍵をかけたりもします。外部との接触を遮断したいという心がそうさせるのです。放っておいてほしいという心の表われです。

キッチンは、愛の生産工場といっています。食材をわざわざ調理して提供する場所です。おいしく食べてもらうために時間をかけて料理をします。

この場所が汚れてくると、料理が面倒くさくなってきて、料理ができなくなってくるのです。また、自分に愛情が足りていない状態です。夫婦間で問題があったりすると、どんどんキッチンが汚れてきます。

キッチンが汚れると、おいしい料理が出せなくなり、家族に不調和が出てくるというマイナスエネルギーの増幅サイクルに入り込んでいきます。

◇トイレ……感謝と謙虚さのバロメーター
◇リビング……調和／エネルギーの中心、各部屋へのポンプ
◇キッチン……愛の生産工場／愛情運
◇洗面所……ありのままの自分が映し出される
◇浴室……健康
◇排水溝……人生の行き詰まり／運気の流れ
◇玄関……全体運
◇寝室……心と体のエネルギーチャージ
◇照明……心のワット数
◇クローゼット……自己評価が表われる
◇本棚……知性が表われる場所
◇窓ガラス……心の瞳
◇ベランダ・庭……防犯／犯罪防止

しかし、あなたが現在気になっている場所は、裏を返せば、あなたの運命を好転させる鍵となる場所でもあるということです。

あなたは自分の家のどの場所が気になりますか？

あらゆる場所に、あなたの心の状態が細かく表われていますよ。

さらに各場所のそうじ力実践法を知りたい方は、『3日で運がよくなる「そうじ力」』（三笠書房）に詳しく書かれていますので参考にしてください。

部屋の写真は「運命を変える処方箋」

ここからは、さらに客観的に部屋を見るための方法をお伝えしましょう。

それには**「部屋の写真を撮る」**のが効果的です。あなたが気になる場所をスマホで撮影してみましょう。

なぜ、わざわざ写真を撮るのかと思われるかもしれませんね。

「部屋にあなたの心が表われている」わけですが、客観的に見るのは意外と難しいのです。心が表われているがゆえに、自分に都合のいいようなフィルターをかけて部屋を見てしまうことも多いからです。

私が個人的なコンサルティングをする際には、必ず写真を撮ってもらい、さらに、プリントアウトしてもらっています。

ある方は、自分では完璧にできていると思っていたのに、意外と汚れが残っていることに気づいたそうです。写真を見ると、たしかに部屋の内部はきれいにそうじされていましたが、汚れたバルコニーが写っていました。

犯罪者はバルコニーやベランダが汚れている家を狙うといいます。彼女は防犯意識が疎かになっていることに気がつきました。

撮った部屋の写真はプリントアウトして、テーブルに並べてみるといいでしょう。

これは、病院に行ってレントゲンを撮るのに似ています。レントゲンに影があると「ここに問題があります」といわれますよね。

同じように、部屋の写真を見れば、どこに問題があるのかがわかります。乱雑で汚れが目立つような部屋の状態であれば、そこからマイナスのエネルギーが発せられ、どんどん悪いものを引き寄せていきます。

でも、部屋の写真を撮ることで「そうじ力」という処方箋を出して、実践すれば病気は治り、健康になる（運命を好転させる）ことができます。そうじ力は処方であり、実践は治療です。

あなたの未来がわかる「五つの空間」

どんな部屋も、すべての出発点には人の「思い」があります。
そこに住む人の**「思い（心の有りよう）」が「行動（行為）」となって具現化（現象化）し、その結果、幸不幸が決まる**からです。

そうじ力では、その人の思いが表われた部屋を五つの空間に分けています。

わかりやすくするために、主に、雰囲気、きれい度、放置度、統一度、モノの量と収まり具合という五つの視点をもとに、

「今、どんな心理状態なのか」

「どんなタイプ（傾向）の人が住んでいるのか」

「たとえるなら、どんな場所と同等の部屋なのか」

で判断していきます。

あなたも自分の部屋に照らし合わせてみてください。すると、今のあなたの自分の状態が見えてくることと思います。

さらに、なりたい自分をイメージして部屋をそうじすることで、自分の未来をその理想に近づけることもできるのです。

ではさっそく、詳しく見ていきましょう。

五つの空間は大きく次のように分けられます。

- **人生が成功に向かうプラスの部屋**＝「おもてなし空間」、「成功空間」
- **現状維持の部屋**＝「安心空間」
- **人生に悪影響のあるマイナスの部屋**＝「転落ギリギリ空間」、「危険空間」

どんな人も、各部屋のそれぞれの要素のいずれかにあてはまることと思いますが、なかには二つの空間の中間にいる人もいるかもしれません。その際は、両方を読んで参考にしてください。

危険空間

不幸を手繰《たぐ》り寄せる部屋……

この部屋は、非常に強いマイナスのエネルギー（磁場）空間になっています。

いわゆるゴミ屋敷や、犯罪・事件が起こりかねない、いわくつき物件などのレベルです。

部屋の中がネガティブな「失望」のエネルギーでいっぱいになっています。

この空間の特徴

- ☐ 雰囲気／吐き気、めまい、体のしびれ、頭痛など、長時間部屋にいると体になんらかの悪影響が出てくる
- ☐ きれい度／ホコリや汚れのないところがない。何年も付着したガンコな汚れがあり、簡単に落ちそうもない
- ☐ 放置度／壊れたモノ、ガラクタ、ゴミで部屋が埋め尽くされている
- ☐ 統一度／部屋の原形がわからない。家具類などもモノで埋もれて見えなくなっている
- ☐ モノの量と収まり具合／ベランダや庭までゴミやモノがあふれ、異臭も外にもれている

これらの特徴からもわかるように、すでに人が健全に住める環境ではありません。社会や人生への失望感ばかりが増えていき、ありとあらゆる悪い出来事を手繰り寄せていきます。

このような部屋に身を置くと、冷静な判断ができなくなります。人に対しても不信感がつのり、助けの手を差し伸べられても、その手を振り払ってしまいます。離婚、家庭崩壊、病気、借金、倒産、さらには事件を起こしてしまうなど、自分自身を自分の意思でコントロールできなくなるほど、空間が放つ強烈なマイナスのエネルギーに翻弄されてしまうことも。

そうじを始めようにも、自分ひとりではマイナスのエネルギーに負けてしまって挫折しやすいので、清掃業者などプロの手を借りて、**ゴミ、ガラクタのすべてを一掃する**ことが必要です。

一度ではすべてのマイナスエネルギーを取り除くことは難しいと思いますが、捨てることをくり返して、不幸の連鎖を断ち切りましょう。

転落ギリギリ空間

やる気を奪う、転落寸前の部屋……

そうじはほとんどされておらず、ゴミやガラクタがあふれています。誰が見ても「汚い」と思うような部屋です。

人生が転落していきかねない踏ん張りどころにいます。

この空間の特徴

- ☐ 雰囲気／家にいるとやる気がわかない
- ☐ きれい度／目につくところにホコリや汚れがあり、何年もそうじをしていない場所がある
- ☐ 放置度／不用品、使った食器や洗濯物がそのままあふれている（ゴミが物置やバルコニー、庭にあふれ出している）
- ☐ 統一度／家具やファブリックのコンセプトに統一感などはない
- ☐ モノの量と収まり具合／足の踏み場がないほど、モノが床にあふれている

部屋がこのような状態だと、何をやってもうまくいかないという状態に陥りがちです。仕事、家庭、恋愛、お金、健康……何かにおいて、常に心配のタネを抱えることになるでしょう。そのうちにあきらめの気持ちがわいてきて、「何をしたって変わらない」と、行動する気力すら起こらなくなってくるかもしれません。

この空間を満たしているのは「無気力」や「不平不満」のエネルギーです。傾向として、いずれかに強く偏ります。

あるいは、両方の状態を行ったり来たりするかもしれません。

気力不足だと引きこもりになったり、不平不満が強く出るとイライラしやすく口論が絶えなくなったり、常に誰かの悪口をいうようになったり……。感情のコントロールがきかなくなって、自我や欲が抑えられなくなります。その結果、買い物やお酒、恋愛、ギャンブルなどの依存症になることもあるでしょう。

部屋のマイナスエネルギーを取り除くために、最初に手をつけるべきは、**部屋の中のガラクタを捨てることと、汚れ取り**です。

すべてのガラクタを捨て、部屋にこびりつくマイナスエネルギーごと取り除くつもりで汚れを取ります。

それができたら、一週間に一回でも、一か所でもいいのです。定期的にそうじをする習慣をつけることが、人生の転落ギリギリのところから抜け出すことにつながります。

ふるさとのように安らぐ、癒しの部屋……安心空間

五つの空間レベルの真ん中にある「安心空間」。

プラスにもマイナスにも属しておらず、日々の生活を送るという意味では合格ラインです。家にいるとホッとできる、まるで実家のような雰囲気。アニメの「サザエさん」や「ちびまる子ちゃん」の家が、この空間を表わすイメージとしてぴったりです。

この空間の特徴

- 雰囲気／よくも悪くも落ち着く
- きれい度／そうじは習慣的にされているが、よく見ると棚の上やタンスの裏の隙間に

ホコリや汚れがある

□放置度／「捨てよう」「修理しよう」と思いながら、そのまま一年以上たっているモノが三つ以上ある

□統一度／家具やファブリックのコンセプトや色にあまり統一感はないが、全体的になじんでいる

□モノの量と収まり具合／収納場所（食器棚、本棚、クローゼット、引き出しなど）にモノが収まりきらず、あふれていたり、別の場所に置かれたりしている

定期的にそうじはしているものの、総じてモノが多いケースが圧倒的です。モノが部屋のあちこちに置かれたり、積まれたりしたままになっています。何年も模様替えがされず、同じ場所に同じものが配置されています。

ただ、モノは多いですが、空間は整っているので**「調和のエネルギー」**があり、不快感はありません。逆にそれが安心感につながる理由ともいえます。

調和のエネルギーは疲れた心をやさしくいたわるような癒しの効果があるので、精神を再生する力もあるでしょう。

一方で、未来に目を向けると、よくも悪くも現状維持。よいことを引き寄せる比率のほうが高いと思いますが、社会や周囲の変化に流されやすく、バランスを崩しやすいのが注意点です。

変化、進化、発展、繁栄を望むなら、行動を起こしましょう。

部屋の中のモノを選別して減らす、隙間など見えにくい部分の汚れを取り除く、蛇口や鏡など光る部分を磨き込む、といった開運アクションを実践するといいでしょう。

小さな行動ですが、それらを積み重ねていくうちに、プラスのエネルギーに満たされていきます。

成功空間

住むだけで運気が上がる部屋……

前述した安心空間の安らぎや癒しといった調和のエネルギーに**「発展、繁栄」のエネルギー**が加わった部屋です。

部屋の様子を目にしたとたん、「こんな部屋に住んでみたい」と思うような落ち着きと安らぎを感じる空間です。

この空間の特徴

- ☐ 雰囲気／全体的にスッキリした印象。入ると視界が明るくなり、やる気が出てくる
- ☐ きれい度／すみずみまで、きれいにそうじされている
- ☐ 放置度／自分が使う目的のないものは置かれていない
- ☐ 統一度／家具やファブリックのコンセプトや色などが統一されている
- ☐ モノの量と収まり具合／ゆとりをもってモノが収納されている

この空間に実際に足を踏み入れると、気持ちがおだやかになったり、楽しくなったりします。やる気が出てきて元気になります。アイデアもわきやすかったり、自分の中に眠る潜在的な力が呼び起こされるような空間です。

誰が見てもきれいだと思う状態が無理なく保たれています。ゴミやガラクタはもちろん、不要なものが一切なく、収納にはゆとりがあります。すべてのものがあるべき場所に収まっていて、すみずみまでそうじが行き届いています。

部屋をこのような状態にできる人は、明確な人生の目標を持っています。自分に必要なもの、やるべきことがわかっているため、不要なものや余計な情報に惑わされることがないのです。

部屋をきれいに保つ意識が高く、いつ誰が来ても恥ずかしくない部屋になっているという自信があります。部屋から発展のエネルギーを受け取って、そうじの技術もどんどん向上していくでしょう。

すると、予想以上に速いスピードで願望が叶っていきます。事業発展、収入増、昇進、玉の輿、魅力アップなど、未来を思いのままに変えていくことができます。

だからこそ、ひとつアドバイスがあります。それは自惚《うぬぼ》れに気をつけること。自分の力だけでやってきた、そんな気持ちが強くなったり、仕事だけを優先して、家庭をかえりみなくなったりするのも要注意です。

常に感謝の気持ちを忘れずにそうじを続け、さらなる高みへ躍進することを目指しましょう。

おもてなし空間

訪れた人をたちまち幸せにする部屋……

安心空間の調和のエネルギー、成功空間の発展、繁栄のエネルギーに加え、**ホスピタリティというおもてなしのエネルギー**が感じられます。

たとえるなら、世界中から一流のお客さまをお迎えする五つ星ホテル。そして、夢の世界へ誘《いざな》うディズニーランドです。どちらも足を踏み入れたとたん、空間にやどるスペシャルなエネルギーに包まれ、そこで出会う人から上質なサービスを受けて感動を得ます。

神社やお寺、教会など、そこにたたずむだけで心が洗われるような気持ちになる場所もおもてなし空間の一例です。

この空間の特徴

- ☐ 雰囲気／感謝と感動の気持ちが生まれ、豊かな気持ちになる
- ☐ きれい度／見えないところまで磨かれている（空気もきれい）
- ☐ 放置度／自分だけでなく、訪れた人のことも考え、使う目的がないものは置かれていない

ない

- 統一度／自分だけでなく、訪れる人の心地よさまで意識したコンセプトで統一。ホスピタリティが伝わる
- モノの量と収まり具合／必要なものだけがあり、この空間にあるものすべてに愛情が注がれている

先の「成功空間」は自分にとって心地よく、満足する部屋でした。「おもてなし空間」は自分だけではなく、他人にとっても心地よさのある空間になります。ここが大きな違いです。

「成功空間」から「おもてなし空間」へ、レベルアップするときは、そうじだけではなく明確な意識の切り替えが必要になります。

そうじ力で目指す最高のゴールは、この「おもてなし空間」です。

このような部屋にできる人は間違いなく成功者ですが、それは自分だけの成功ではなく、多くの人を幸せにしたいと願う真の成功者なのです。

企業であれば奇跡的な飛躍につながるヒット商品が生み出されたり、家庭であれば出世や健康、子どもの学力アップなど持っている力が最大限引き出されていきます。

この空間に身を置くと、誰もが自分だけでなく、人を幸せにしたい、みんなをいい方向に導きたいという気持ちになります。「利他の心」で自分ができる貢献をしていくという、人生の好循環が生まれます。

すでに部屋はベストな状態です。捨てる、汚れ取り、整理整頓の習慣を維持をしながら、感謝と貢献のエネルギーに満ちた空間づくりをしていきましょう。

人生がレベルアップするとき、起こること

そうじ力を実践していくと、生活に変化を感じるようになります。

それまで滞《とどこお》っていた運気の流れがスムーズになるために、急に忙しくなったり、出会いが増えたりすることもあります。

そのため、疲れを感じやすくなる人も多いようです。

疲れてそうじができなくなり、それまできれいに整っていた部屋が一時的に乱れたり、汚れがたまったりすると、部屋の状態が以前に逆戻りしたように感じるかもしれません。

でも、それはマイナスのエネルギーから来るものではありません。

こうしたことは、**人生のステージが上がるときに起こりやすい現象**です。

そうじ力を取り入れた部屋は、以前とはエネルギーが変わっています。

たった一日、たった一か所のそうじでも、やらなかったときよりは前進しているのです。

人生のステージは、らせんを描くようにして上がっていきます。

一気にぐんと上がるような変化を感じるというより、**気づいたら変化が起こっていた**と感じる方が多いでしょう。


会社員のCさんは、そろそろ定年が見える年齢になり、新たな人生でやりたいことを見つけたいと思っていました。

ところが、考えてみても、とくにこれといったやりたいことがあるわけでなく、そのことで急に焦りを感じてセミナーに参加されました。そして、帰宅後、部屋をあらためて見直してみると、居心地はいいけれど、自分が持っているものの量を把握できていないと気づきました。

後日、

「スーツやネクタイ、下着も何枚あるかわかりません。ボールペンもあちこちにあって、ざっと数えただけでも三十本以上ありました。探せばもっと出てくるかもしれないです」

と報告してくれたCさん。

「なぜ三十本もボールペンが必要なんですか？」と聞くと、

「こんなにたくさんあるとは思っていませんでした。気づいたらこれだけの量になっていました」といいます。

話を続けていくと、Cさんの身のまわりにあるモノは、「なんとなく」集まったものばかり。持っている数も、なぜ選んだのかもあやふやだとのことでした。

なんとなくモノを所有していると、人生も「なんとなく」になってしまいます。

そのため、やりたいことが見つけられなかったのでしょう。

普段から「なんとなく」の行動が多いと感じるときは、身のまわりにあるモノを自分のポリシーに沿って選ぶようにしましょう。すると人生も自分自身で切り開く意識に切り替わります。

選ぶ基準は、自分に本当に必要なものかどうか、好きなものかどうかです。

これはそうじ力を実践する上で、必要不可欠な視点です。最初はなかなか定まらないかもしれません。一度決めても、気持ちがぐらついてしまうかもしれません。でも、この壁を乗り越えれば、必ずうまくいきます。

先ほどのCさんは、自分が好きな色と素材を設定し、部屋にあるすべてのモノを見直しました。すると、クローゼットや収納の中にあるモノの量は半分に、ボールペンも書きやすい五本を残して処分したそうです。

ひとつひとつモノを選んでいくうちに、第二の人生でやりたいこともだんだん見えてきて、部屋の中がスッキリするとともに、迷いがなくなってきたと報告してくれました。

さあ、次の章では、いよいよ本格的な実践に入っていきましょう。

まずは、空気をきれいにするところからスタートです。

第3章

運がよくなり続ける「そうじ力」の実践

「部屋を味方につける」と変わること

ここからは「そうじ力」の実践について、お話ししていきます。

そうじの目的は、いらないものを捨て、ゴミやホコリ、汚れを取り除いて、部屋をきれいにすること。

そうじ力では、そのときに**「自分の心を変える」**ことを意識します。

心の状態を根本から変えるには時間がかかりますし、ポジティブに変えられたとしても、それを保ち続けることは誰にとっても難しいもの。しかし、そうじによって部屋を常にプラスのエネルギーで満たし、保ち続けることは難しくありません。

だからこそ、〝部屋の力〟を借りましょう。

部屋のホコリをはらえば、心のホコリもはらわれます。

部屋を磨けば、心も磨かれます。


そうです。心はそうじ力で、すぐに変えることができます。

人生は山あり谷あり。いいときもあれば、調子が出ないときもある。誰でもそうです。

でも、部屋をきれいにすると、その状態を保つ意識が働き、プラスのエネルギー空間が自動的に保たれていくようにもなります。

すると、人生においても運気のアップダウンが少なくなり、たとえ谷がきたとしてもすばやく切り替えることができるのです。

それこそ、「部屋を味方につけた」状態です。


部屋が持つ力を理解し、味方につける。


だから「そうじ力」を実践すると、人生がすべてうまくいくようになるのです。

さっそく、部屋を味方につけるそうじ力を始めていきましょう。

そうじ力の実践① 換気

窓を開ければ、エネルギーの流れが変わる！

そうじ力の最初の実践は、**「換気」**です。

ただ「窓を開けるだけ」です。

小さな行動ですが、大きな効果が得られます。


試しに今、窓を開けてみてください。

部屋にサーッと新鮮な空気が入ってくるでしょう。それと同時に、部屋にこもっていた汚れた空気が外へと流れ出ていくはずです。

いかがですか？　自然と深呼吸をしませんでしたか？

換気によって体と脳に新鮮な空気が取り込まれることで、「気分がシャキッとする」「気持ちがいい」「元気が出る」「視界がパッと明るくなる」など、なんらかのポジティブな変化があったことでしょう。

この「換気」には、大きく分けて次の二つの力があります。

①エネルギーの流れを変える力
②体を健康に保つ力

ではまず、「①エネルギーの流れを変える力」について解説しましょう。

エネルギーは「気」といわれることもあります。

換気をすることによって、その場のエネルギーが一瞬で変わり、その部屋は「いい気」で満たされます。

すると、その場にいる人の意識も変わります。

❑場のエネルギーを変える効果

以前、清掃の仕事をしていたときのことです。

現場は、引越し後の3LDKのマンションでした。その日は快晴。朝、清々《すがすが》しい気持ちで、スタッフ四名と現場マンションに向かいました。

「さあ、今日もきれいにするぞ！」と、はりきって入室したとたん、全身の力が一気に脱けるという経験をしました。私だけではなく、全員がみな同じようにへなへなと脱力してしまったのです。

引越し後の清掃で、部屋の中には何もありません。ですから、それほど時間のかかる仕事ではありません。それなのにパッと見ただけで、全員が「今日は残業になるかも」と思うほどネガティブなエネルギーを感じました。住んでいた人はすでに出ていっているのに、その人たちのエネルギーが残っている感じなのです。

このようなときに、真っ先にするのが、**換気**です。

玄関のドアを開け放ち、部屋中の窓を全開にして、空気の入れ替えをするのです。さわやかな風が吹き抜けると、たちまち力がわいてきて、やる気も戻ってきます。そこからは一気に作業が進みました。

じつは、人は視覚より先に嗅覚《きゆうかく》が反応します。

ゴミやガラクタ、汚れなどの視覚で入ってくる乱れはわかりやすいですが、閉めきった空間にたまっている空気は目に見えません。そのため、自分の部屋が汚れていると思っても、空気まで汚れているとは意識しないかもしれません。


空気の汚れは、体にも心にも悪影響があります。

だからそうじ力では最初に「換気」を行なうのです。


ある三十代の女性からこんな相談を受けました。

部屋のそうじをしたいのに、どうしてもできないというのです。いざそうじをしようとすると眠くなったり、だるくなったり、体調が悪くなったりするとのことでした。そうじを先延ばしにしてしまうという悩みでした。

彼女には**「朝起きたらすぐに窓を開けてみてください」**とアドバイスしました。

朝、窓を開けるだけ。五分間換気をすることをすすめたのです。

すると、朝が苦手だったにもかかわらず、早く起きられるようになり、半月後には一時間早起きできるようになったそうです。

その朝の時間で少しずつそうじができるようになっただけでなく、週末には二日かけて一気に大そうじ。さらに模様替えまでできたと報告してくれました。

朝五分、窓を開けるだけの換気で、ライフスタイルが大きく変わりました。

心のエネルギーを変える効果

じつは「換気」には、もうひとつ、**心のエネルギーを変える力があります。**

あなたの心を満たしているエネルギーをガラッと変える力があるのです。

そうじをしようとするとき、それを邪魔するのが**「面倒くさい」という気持ち**です。

この「面倒くさい」という気持ちは、仏教では「ものうさ（物憂さ）」といい、悪魔が人を堕落《だらく》させる「10の軍隊」の五番目として紹介されています。

ちなみに、10の軍隊を簡単に紹介すると、第1の軍隊は「欲望」、第2は「嫌悪」、第3は「飢渇《きかつ》」、第4は「妄執《もうしゅう》（悟りきれず、心の迷いによってあくまで離さないでいる執念)」、第5は、「ものうさ・睡眠」、第6は「恐怖」、第7は「疑惑」、第8は「見せかけと強情」、第9は、「誤って得られた利得と名声と尊敬と名誉」、第10は、「自己をほめ称《たた》えて他人を軽蔑すること」だそうです。

換気は、この第5の軍隊である「ものうさと睡眠」を撃退する力があります。

睡眠は、何かに取り組もうとしたときの眠さです。仕事や勉強をしようとすると眠くなる経験をしたことはありませんか? そんなときに窓を開けて換気をすると、頭がシャキッと目覚め、やる気がわいてきます。

換気によって**場のエネルギーを変えると心のエネルギーの流れも変わり、眠気と面倒くさいという気持ちを取り除くことができる**ということです。

この「10の軍隊」を紹介していて思ったのですが、そうじ力を実践していると、第1の欲望もコントロールできるようになります。第2の嫌悪も、部屋を見て自分をほめて自分を肯定できるようになると、相手のよいところを見られるようになります。「捨てる」の実践によって執着もとれるので第4の妄執もなくなります。謙虚にもなるし、性格もよくなるので、悪魔の10の軍隊には、堕落させられない人生を歩むことができます。

❏部屋の空気は体にここまで影響する！

次は「②体を健康に保つ力」です。

先にも書きましたが、窓を開けた瞬間、みなさん思わず深呼吸をしたのではないでしょうか。じつは、呼吸（酸素）と病気には大きな関係があります。

「すべての病気は酸素の欠乏症である」（野口英世）

「がん細胞は、酸素が不足した細胞に増殖する。また、脳卒中、心臓病、動脈硬化、肝臓病、子宮筋腫などの成人病も、酸素不足が原因である」（元・労働科学研究所所長、小山内博）

「がんの原因は酸素の不足による」（ノーベル生理学・医学賞を受賞したドイツの生理学

者オットー・ワールブルク）

このように多くの専門家が酸素と病気の関係について述べていますが、その第一人者は、フローレンス・ナイチンゲールです。

そうじ力の実践の第一に「換気」があるのは、ナイチンゲール女史の影響があります。ナイチンゲールといえば、病院の建設に携わったり看護学校を設立したりと、現代の看護につながる大きな功績をたくさん残しています。

病人の看護において、彼女がもっとも大切にしたのが「換気」です。

ナイチンゲールは、一八五三年に勃発したクリミア戦争の際に、従軍看護師として翌年戦地に赴きました。

彼女たちが懸命に看護したにもかかわらず、二万五千人いた兵士のうち一万八千人が病院で亡くなってしまいます。

その後の調査で、兵士が亡くなった原因は、水質汚染、換気不良、過密による空気汚染であることがわかりました。じつは、その病院は下水道の真上に建てられていたのです。

つまり、汚れた空気による伝染病の院内感染が、死亡率を上げていた原因だったのです。

『ナイチンゲール著作集第1巻　看護覚え書』（現代社）には次のように書かれています。

「よい看護が行なわれているかどうかを判定するための規準として、まず第一にあげられること、看護者が細心の注意を集中すべき最初にして最後のこと、何をさておいても患者にとって必要不可欠なこと、それを満たさなかったら、あなたが患者のためにする他のことすべてが無に帰するほどたいせつなこと、反対に、それを満たしさえすれば他はすべて放っておいてよいとさえ私は言いたいこと――それは『患者が呼吸する空気を、患者の身体を冷やすことなく、屋外の空気と同じ清浄さに保つこと』なのである」

人間にとって、清浄な空気はとても大切なのです。

花粉の季節や真冬など、外気を入れることに抵抗がある時期は、換気扇を回したり、空気清浄機を使ったりすることも一案です。

それでも、わずかな時間、窓を開けて自然換気をすることで、心の開放感を得るとともに、マイナスエネルギーを外に出すことを心がけてみましょう。

換気は一番簡単な「運気好転アクション」

サービス業のAさんの会社は、コロナ禍の数年間、在宅勤務になりました。基本的に人と対面することはなく、メールやウェブ会議、電話で仕事の関係者とやりとりを行ない、業務をこなしていました。

そんな生活を半年続けていた頃、部下から電話がありました。仕事の質問だったのですが、なんだか元気がありません。声も弱々しく途切れ途切れ。風邪も引いていないし、病気というわけではないといいますが、疲れがとれず、気分が落ち込んで眠れないと打ち明けられました。

部下はひとり暮らし。誰とも会わず、話もしない日もある。その状況を聞いたとき、そうじ力実践者のAさんはふと「換気をしているかな」と気になったそうです。「部屋の窓を開けて、換気をしている?」と聞くと、窓は閉めっぱなしで、掃除機もしばらくかけていないといいます。

そこで、毎日換気をするように伝えて数日後、部下から「換気をしたら、気持ちが軽くなりました。散歩もして、久しぶりに深呼吸もしました。その日からよく眠れます」と、明るい声で電話があったそうです。

Aさんは「私自身も、部屋にこもって仕事をしていると、いつの間にか呼吸が浅くなっているのに気づくことがあります。意識して換気をして深呼吸するだけで、疲れがとれ、体調も変わると実感しています」といっていました。

閉めきったままの部屋や、汚れた部屋にいると、人はなぜか呼吸が浅くなります。そうなると、体は酸素をうまく取り込めず、酸欠状態になります。換気をしてもポジティブな変化を感じられないという人は、呼吸が浅くなっている可能性大です。

心と体に疲れをためないためにも、積極的に換気をして呼吸に意識を向けましょう。

朝でも夜でも、天気や季節に関係なく、**換気はやればやるほど、プラスのエネルギーを得られる運気好転のアクション**なのです。

そうじ力の実践② 捨てる
部屋からも心からもいらないものを排除する

なぜ人は自分の所有しているものを捨てたいのでしょうか?
また、なぜそれらを捨てられないのでしょうか?

モノが自由に手に入るようになった現代人特有の悩みのひとつです。
おそらくほとんどのご家庭の食器棚には、家族の人数分以上の食器があり、タンスやクローゼットには、あふれんばかりの洋服があるのではないでしょうか。

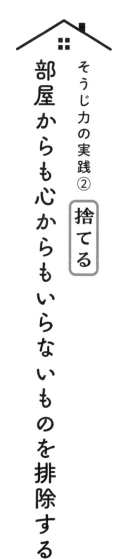

❏捨てたくても捨てられないのはなぜ?

生活をしていれば必ずゴミは出ます。このゴミと認識しているものは簡単に捨てられますよね。玉子焼きをつくるときに出た卵の殻はなんのためらいもなく捨てられます。「捨てたいのに捨てられない！」と悩むことはありません。

しかし、お金を貯めてようやく手に入れたものや、大切な人からプレゼントされたもの、人生を変えてくれた本や、恩師からの手紙……、こういったものはなかなか捨てにくいものです。

捨てたくても捨てられないものには、個人的な特別な気持ちが入っているのです。

そうじ力の「捨てる」セミナーでは、捨てたくても捨てられないものを持ち寄って、みんなで捨てる決意をするイベントがあります。

ある二十五歳の女性は、大切そうに灰色の布を抱いていました。聞いてみると、それは「かついち」という名前のクマのぬいぐるみでした。いわれてみれば、元は真っ白で毛がふさふさのクマのぬいぐるみだった感じがしますが、長い年月のあいだに汚れてしまい、すっかりボロボロになっていました。

他人から見れば、新しいぬいぐるみを買って「かついち2」にすればいいのに、と思うかもしれません。けれど、彼女にとって「かついち」は、どんなにボロボロでも、長いあいだずっと一緒に過ごしてきた代わりのない親友なのです。

彼女の課題は**「自立」**でした。その表われとしてのクマのぬいぐるみでした。

セミナーで最後は涙を流してお別れしていましたが、このように、特別な気持ちが入ったものはなかなか捨てられないのです。

でも思いきって捨てた彼女は、ここから、「自立した人生を歩いていきたい」と、とてもスッキリとした表情になっていました。

しばらくして彼女には恋人ができ、その彼から新しいクマのぬいぐるみをプレゼントされたそうです。どんな名前をつけたのかは聞いていませんが、たぶん、「かついち2」とつけることはないと思います。

ひとつ捨てるごとに、人生はどんどん上向きになる

部屋にあるいらないものを捨てる。

そうじ力の「捨てる」ステップは、**人生をレベルアップさせるため**に行ないます。

このとき、捨てるものの選別基準があいまいになると、とたんに何を捨てていいのかわからなくなって、迷走します。これから四つのポイントをお伝えしますが、すべてはこのポイントが基準になります。

ポイント1　「過去の思い出、栄光」を捨てる

部屋の中にある捨てたくても捨てられないもののほとんどは、過去の思い出や、過去の栄光、後悔をまとっています。

とくに思い入れのない消耗品などは簡単に捨てられるでしょう。

一方、現在の状況が苦しかったり、うまくいっていなかったりすると「あの頃はよかった」とモノを通して、過去の自分を美化し、それにしがみつくようになります。

やせていたときに買った洋服、かつての恋人にもらったジュエリーなど、今よりも楽しかった思い出がしみついたものをなかなか手放せなくなるのです。


また、過去の後悔がしみついたものもあります。

衝動買いをしてしまったコートなどがそうです。お店で試着したときはとても素敵に見え、かなり高額だったのに勢いで買ってしまったコート。いざ着てみると、まわりからは、「色があなたに似合っていない」と不評だったコートは、もう着ることはないとわかっているのに、なかなか捨てられません。

これは「衝動買いをして失敗した」という自分を認めたくない気持ちがコートにこもっているからです。

もしもそんな過去の思いがこもったモヤモヤするものがあったら、あらためて手にしてみてください。どんな気持ちになりますか？

思いきって捨てて、過去の執《とら》われから解放されましょう。

残すべきは、「現在のあなた」に必要なものだけです。

ポイント2 「いつか使うもの」を捨てる

なかなか捨てられないものの筆頭が「いつか」とつくモノです。しかし、その「いつか」とは「いつ」なのでしょうか。

今は必要ないけれど、「いつか使うかもしれないから捨てられない」という心理の裏には、**「未来に対する漠然とした不安」**がこびりついています。

なくなったら困るかもしれない、捨ててしまったら後悔するかもしれない、という理由で捨てられないものからは不安のエネルギーが発せられ、そして、その不安が具現化していきます。なぜなら、人は潜在意識に刷り込まれた通りの行動を起こしていくからです。

しかも、不安が現実になる頃には、どこにしまったかわからなくなって、役に立たなかったというケースがじつに多くあります。

また不安だけではなく、**「未来に対する淡い期待」**がこびりついていることもあります。いつか時間ができたらやろうと思っている英会話の教材、いつか行きたい世界一周旅行のための大きなスーツケースなどです。

これらは未来への逃避の象徴です。現在は苦しいけれど、いつかきっといいことが起こるかもしれないという淡い期待。その気持ちがつまったものをそのままにしていると、いつか行けるかも、いつかできるかも、という淡い期待をもったまま逃避している自分が具現化するのです。

潔く捨てて、永遠に叶わない未来とはキッパリ決別しましょう。

そこから運命が動き出します。

○いつか時間ができたらやる趣味の釣り

夫の海外赴任先から帰国したOさんは、引越しの際に処分したいものがありました。

それは、大量の釣竿。結婚する前からご主人が持っていたものですが、この十年、使われたことは一度もありません。海を越える引越しは想像以上に大変です。少しでも荷物を減らしたくて、ご主人に処分してほしいと伝えました。

その返事は、「いつか時間ができたらまた釣りがしたいからとっておいて」とのこと。

そうじ力を実践していたOさんは、「『いつか』やるかもしれないという理由で、今使っていないものを取っておいても永遠にやる日はやって来ない、もし、もう一度釣りをやるのなら、帰国してから新しい釣竿を買ったほうがいい」と説得したところ、ご主人は渋々ながらすべて処分したそうです。

大量の釣竿を処分したことで逆にやる気に火がついたご主人は、帰国すると真っ先に新しい釣竿を購入しました。そして忙しい仕事を片づけて釣りを決行。今は時間を見つけては釣りを楽しんでいるそうです。

おそらく釣竿を捨てていなければ、「いつか使うかも」という状態のまま、永遠に部屋のガラクタになっていたことでしょう。

いつかまたやりたいと思っていた釣りを再開できたのは、帰国のときに思いきって釣竿を捨てたからだと、感謝されたそうです。

「いつか使うかもしれない」と思って捨てられないものは、「いつ使うのか」と問いかけて期限を設定してみてください。

たとえば、「来年の七月に世界一周旅行に出かける。だからスーツケースを残す」と決める。期限に関する設定は、猶予があってもかまいません。「もしお金が貯まらなかったら、一年間は延長してもいい。それを過ぎたら捨てる」という具合です。

「いつか」とつくモノが、不安や逃避の対象になっていないか。
「いつ使う」と設定できるか。
しっかり自分に問いかけて、必要ないものは一掃していきましょう。

ポイント3　「レベルを下げるもの」を捨てる

あなたの身のまわりに**「いつ買ったんだっけ？」「何のために買ったんだっけ？」というもの**はないでしょうか？

道で配られていた無料クーポンつきのチラシ、何か月も前の雑誌、消費期限切れのお菓子など、ほぼ手つかずのまま放置されているものです。

もう必要なくなっているのに、部屋に居座り続けるガラクタは、あなたのレベルを下げるもの。また、一部が壊れたり、欠けたりした食器や生活雑貨など、不便だけど使えるからいいか、と思っているものも同様です。

いつの間にかたまったガラクタは、あなたのエネルギーを奪い、レベルを下げるもの。そう心得て、キッパリ捨てましょう。

ポイント4 「もったいないもの」を捨てる

多くの人がモノを捨てられない理由としてあげるのが**「もったいないから」**。

モノを大事にする心は大切です。でも、「もったいないから、とりあえずとっておこう」というように、自分にとって本当に必要なものなのか、考えることをあと回しにするクセの結果だったとしたら、その本質とは違っています。

モノをとっておく理由が「高かったから」「ブランド品だから」「もう少し使えそうだから」……と、全部「もったいないもの」になっていませんか？

ホコリをかぶって「とりあえずとっておいたもの」を大事にしているといえますか？

それを今身につけて心がワクワクしますか？

そうでないなら、それらはすでに役目を終えたもの。捨てるのが正解です。

ポイント5 「なくなったらつらいもの」は残す

「捨てる」をテーマにしたセミナーに参加した男性から相談を受けました。

「大事にしているプラモデルとフィギュアがあります。妻から『邪魔だから捨てて』といわれているのですが、捨てなければいけないでしょうか」と、困り顔です。

「それがなくなったら、どんな気持ちになりますか？」と聞くと、

「ものすごく悲しいです。今日は捨てる決心をするために来たんですけど、やっぱり悲しくてたまりません」と、答えます。


手放すことでパワーダウンしたり、モチベーションが下がったりするものは、**捨てる必要はありません**。自分にとって本当に必要で、とても大切なものは、むしろ残すべきもの

です。
彼は、奥さんに「これを捨てると本当に悲しくて、仕事にも身が入らなくなってしまう。その代わり、きれいに陳列するから理解してほしい」と話して、捨てずに残すことにしました。

他人から見るとガラクタであっても、本人にとっては生きがいになっているものがあります。

生きる原動力になるものは、とっておくべきものです。

私も、本は捨てられません。家中本だらけです。本は私の生きがいなのです。
常に新しい知識を得て、仕事に生かし収入を上げて、「本に囲まれて生活できるような広い家に引越しをする」と奮闘しています。私にとって本は、私を向上させ、よりよい未来を切り開いてくれるものなのです。

部屋が片づいたら「自分の本当の目標」が見えてきた!

私が主催するセミナーに参加した英語教師をしているAさんは、「自分のこれからについて漠然とした不安や焦りを感じている」という悩みがありました。

部屋の状態を聞いてみると「とにかくモノが多く、乱雑さがとくに気になる」といいます。実際に乱雑なところを写真に撮ってきてもらうと、仕事に関するものが多く写っていました。

そこからわかったことは、Aさんが気になっているのは仕事がらみのことだということです。そのことを指摘すると、「じつは、今の仕事を続けるのがいいのかどうか、わからなくなっているんです」ということでした。

そこで、まず部屋の乱雑さを解消するために、捨てるものをリストアップしてもらいました。紙にはいろいろ書かれています。

迷いを抱える人に対して、いつも私が問いかけるのは、

「なぜそれを選んだのですか？」

ということです。

Aさんは「これを選んだのは……」と、自問自答をくり返しながら、ひとつひとつモノと向き合っていきました。

こうしたやりとりの中で見えてきたのは、英語指導のスキルアップをするための資料に対して、「捨てたくないけれど、捨てなくてはいけない」という思い込みでした。

モノ（資料）がたまる一方、勉強は進んでいない。たまり続ける資料が目に入るたびモヤモヤする。でも勉強できていないから、まだ捨てたくない。捨てられないからそのまま部屋にたまっていってしまう。こうした思いと行動がループでくり返され、やがては何をやったらいいのか、イノベーションを起こせない状態になってしまっていたのです。

自分がレベルアップするためのモノは捨てる必要はありません。**そうじ力の目的は、自分の運を底上げして幸せになること。モノを捨てること自体が目的ではない**のです。

Aさんには、今捨てるものと、レベルアップのために残すものを分けてもらいました。その作業をすることによって、本当の問題は今の仕事を続けるかどうかということにあるのではないことにも気づきました。そして、自分は「楽しい英語の勉強」がやりたかったんだ、と人生の目的を思い出したそうです。

部屋の中の気になる場所と向き合ったとき、見えてくるものがあります。何をやったらいいのかわからないと感じるようなときは、部屋を客観的に見つめてください。気になる場所や気になるモノがあるはずです。そして、そのモヤモヤするものと向き合いましょう。

なぜ捨てたいのか、あるいは、なぜ捨てられないのか、ひとつひとつ整理していくことで、あなたが本当にやりたかったことが、できるようになるでしょう。

モノを捨てると心が「スッキリ」する理由

全国各地のそうじ力を実践した人から、こんな声が届きます。

「身のまわりを見直して、一気にゴミ袋三つ分のガラクタを捨てました。気分がスッキリしました。まだまだ捨てられそうです」

「今までなぜとっておいたのかと不思議になるほど、気持ちが軽くなって爽快《そうかい》です」

「捨てたいと思いながら、ずっと捨てられなかったものを捨てたら、しがらみから解放された気分」

これはほんの一部ですが、ほとんどの人に共通するのは、モノを捨てると**「気持ちがスッキリする」**という変化です。

理由は、過去の執われ、未来の執われから解放されるからです。

モノには、人それぞれの特別な思いが入っています。

ここまで説明してきたように、捨てられないものには、失敗、後悔、楽しさ、安らぎ、大変さ、恩、期待など、さまざまな気持ちが入っています。

過去の栄光、未来の不安と淡い期待、いつ集まったかも記憶にないもの……これらがすべてなくなると、そこに表われてくるものは何でしょうか？

それは、**今この瞬間を生きる自分**です。

人は、過去にも生きられませんし、未来にも生きられないのです。生きられるのは、今だけです。

過去からも未来からも縛られることがなくなり、現在に集中できる。

それはまるで、新しい自分に生まれ変わっていくような、希望に満ちた感覚です。

ぜひ、あなたも実感してください。

そうじ力の実践③ 汚れ取り

今抱えているあらゆる問題が一気に解決する！

部屋のマイナスエネルギーを取り除く「換気」と「捨てる」を実践できたら、次は、プラスのエネルギーを引き寄せ、人生に磨きをかける「汚れ取り」と「整理整頓」に入っていきましょう。

「汚れ取り」の基本は、モノにつくホコリやカビといった物理的な汚れを取ること。それと、**もうひとつ取れるのが、「心の汚れ」です。**

四十代のMさんは、まわりから仕事能力の高さを評価されても、まだまだ足りないと思ってしまい、自己肯定感を持てないことに悩んでいました。

そんな彼女にすすめたのは、キッチンのシンクの汚れ取りです。

最初はなかなか取れない水アカにイライラしていましたが、次第にこびりついていた汚れが取れ、ピカピカに磨かれていくうちに、気持ちがスーッとおだやかになっていくのを感じたそうです。それからは、常に蛇口もきれいに磨くようにして、シンクも使い終わったあとは水気を拭き取って仕上げることを心がけたそうです。

それを三週間ほど続けていると、あるとき急に、シンクの美しさが自分の心の美しさであることが腑《ふ》に落ちたというのです。それからというもの自己肯定感が上がり、それによって仕事に対する姿勢も前向きになり、単価の高い仕事の依頼が続けて入ってくるようになったといいます。

「汚れ取り」は、心に大きく影響を与えます。

心が変われば、発言も変わり、行動も変わり、環境が大きく変わっていきます。

悩みや問題を抱えていても、汚れと向き合って格闘するうちに、いつしか無心になっていきます。目の前の「汚れを取る」作業に没頭していくと、無意識のうちに心を縛っていた思考から解き放たれるのです。

それによって、自分が抱える悩みの本質がクリアになるので、あっという間に問題を解決できます。

磨き込みをすると心がフッと軽くなる瞬間がある

私はインスタグラム上で、そうじ力でさまざまな問題を解決するためのショート動画を発信しています。

その中で、「『男性が苦手』な人は、お父さんのことを思い浮かべながらトイレを磨きましょう。ネガティブな感情が出てきたら、すべて出してみましょう」という動画を投稿したことがあります。

すると、それを見て実践した四十代の女性から報告をもらいました。

彼女は小学生の頃に突然、大好きだったお父さんを亡くしたそうです。動画を見て、お父さんの顔を思い浮かべながら一生懸命トイレを磨きました。すると、ずっと開けられなかった心のフタが開いたかのように「もっと遊んでほしかった。もっとわがままをいいたかった。もっと一緒にいたかった」と、堪《こら》えていた感情があふれ出てきたといいます。

それと同時に、生前お父さんが出張に行くときに、「もうずっと帰ってこなくていい！」といってしまったことを思い出しました。

それは、仕事で多忙だったお父さんともっと一緒にいたい気持ちの裏返しで出てきた言葉だったそうですが、「あんなことをいったから、お父さんはいなくなってしまった」と、無意識に自分を責めていたことに気がつきました。

トイレを磨きながら、すべての感情が涙となって流れ出ました。すると、心がフッと軽くなり、あたたかい幸福感が広がりました。

今もずっと愛しているというお父さんへの気持ちが胸いっぱいに広がり、気がつけば男性への嫌悪感もなくなっていたといいます。

怒りの感情は「拭きそうじ」で水に流す

最近、イライラすることが多い。
苦手な人からいわれたことを何度も思い出して嫌《いや》な気分になる。
何かに怒りの感情を持っている。
そんなネガティブな気持ちに気づいたら、拭きそうじがおすすめです。

拭きそうじには「心をおさめる」効用があります。
怒りの感情があるときは、とくに水回りのそうじがおすすめです。

主婦のZさんとご主人は、この数日、夫婦ゲンカが絶えませんでした。お互いに顔を見ればば余計なひと言を口にして、毎日イライラしています。そんなとき、Zさんはそうじ力のセミナーで聞いた、怒りをしずめる拭きそうじの話を思い出しました。

試しに、洗面所の鏡やシンクの拭きそうじを始めました。いつの間にかこびりついていた水アカや、鏡に飛び散った水滴の跡などを拭いていくうち、最初のうちこそ、ご主人への怒りの感情がどんどん出てきましたが、いつしかその感情がおさまり、気持ちに変化が起こっていきました。

――私はなぜ、あんなに怒っていたんだろう
――そうだ、夫が嫌な言葉をいったからだ
――でも夫はなぜ、あんなことをいってきたのかな
――最近、いつも突っかかるような態度だな
――もしかして、何か仕事でつらいことがあるのかもしれない

拭きそうじが終わる頃には、怒りの感情が、相手を思いやる気持ちに変わっていました。

その夜、ご主人の好物を用意して帰りを待っていました。

ご主人によると「今日も妻はすごく怒っているだろうな」と思いながら帰宅したのに、テーブルの上に用意された料理を見て驚いた様子です。

「今朝は怒りすぎてごめんね。あなたも何か大変なの？」と聞くと、「いや、ぼくも仕事でこんなことがあって……」と抱えていた悩みを打ち明けてくれました。

後日、こうして互いの気持ちのすれ違いが解消し、打ち解けあうことができたと、Zさんからうれしいメールが届きました。

部屋の汚れも表面を拭いて汚れを取ったら、そこからさらに磨き込んでみてください。磨き込みには**マインドセット（無意識下の思考のクセ、思い込み、固定化された考え方）を変える力**があります。

自分本位の考え方から、相手の立場に立った考え方もわかるようになり、やがてあなたの人生を好転させるヒントが見えてくるはずです。

プロが実践、汚れを取る五つの方法

心構えを変えることができる汚れ取りですが、せっかく汚れを取ろうと思い立っても、簡単には取れないガンコな汚れもあると思います。せっかくの「そうじ力」も、汚れが落ちなければ、断念しやすいもの。

そこで、清掃のプロが実践している「汚れを取る五つの方法」を紹介します。

1 払って汚れを落とす（払う）

乾いた汚れは乾いたまま取り除くのが鉄則です。

たとえば、冷蔵庫の上のホコリやタンスの上のホコリ。これらは濡れたぞうきんで拭いて取ろうとすると、拭くたびにホコリが少しずつ残ります。完全に取りきれるまでに苦労した経験がある人は多いと思います。

ホコリは乾いています。ですから、ハンディモップなどでこの乾いた汚れを拭くと、汚れの約八〇パーセントが取れるのです。また、窓枠のレール（溝）には、土ボコリがたまることがありますが、ここも水や洗剤をかけてしまうと、汚れが取りにくくなります。刷《は》毛《け》などで、土ボコリをかき集め、ハンディクリーナーなどでまとめて吸うと、効率よくきれいにすることができます。

2 溶かして汚れを落とす（溶かす）

払っても落とせない汚れは、溶かして落とします。ここで洗剤の登場です。

ここでは洗剤の効果を最大限に引き出すためのクリーニング理論を紹介しましょう。

汚れを落とすための要素には「力」「時間」「温度」「洗剤」の四つがあります。この中で、もっとも重要なのは、「温度」です。

五〇度前後のお湯を使うことによって、洗剤の浸透率が高まり、洗浄力が上がります。洗剤は、汚れの成分に応じて希釈します。しっかりと汚れの中に浸透させ、分解するために、「時間」をおきます。

このうち、「力」はもっとも軽減したい要素。洗剤をつけてすぐに力まかせにこするのは汚れが落ちにくいだけでなく、そうじがとても疲れる作業になってしまいます。
この力まかせの汚れ取りから卒業し、洗剤に仕事をしてもらいましょう。

例【ガスコンロの五徳の油汚れの落とし方】

①容器に五〇度前後のお湯を入れ、酸性の油汚れを分解するために、アルカリ性の洗剤を適量入れ、五徳をつける。
②一〇～三〇分時間をおく。
③汚れが浮いてきたら、ブラシなどで軽くこすって落とす。

家の中の汚れの約九〇パーセントが酸性の油汚れですから、アルカリ性の洗剤で落とすことができます。残りの一〇パーセントの汚れは、カビやヌメりなどの雑菌ですので、塩素系の洗剤で除菌します（ただし、酸性の洗剤と塩素系の洗剤は混ぜると有毒ガスが発生してとても危険です。前後しての使用も危険なので、同じタイミングで使わないようにしてください）。

3 削って汚れを落とす（削る）

洗剤を使っても取れない汚れは、溶けなかった汚れです。溶かして落とせない汚れは、削って落としましょう。

鍋などのコゲを落とすのに使うのが、ステンレスたわしです。ステンレスの繊維でコゲを削って取り除きます。このステンレスたわしの応用としては、お風呂の浴槽や桶に付着している湯アカを取るのに効果的です（やりすぎ注意。傷つかない程度に）。

4 塗って汚れを隠す（塗る）

払う、溶かす、削るという方法で汚れを取り除いてきましたが、これでも取れない汚れがあります。それは、しみ込んだ汚れです。

たとえば、ガスコンロのまわりには、耐熱タイルが貼られていることがあります。長年使っていると油汚れがタイルの目地に付着し、表面の油汚れは落とせても、目地に黄色くしみ込んだ跡が消えないことがあります。

また、お風呂などのタイルの目地には、カビがしみ込んでいることもあります。そんなときは、目地を白い補修材で塗りましょう。目地を手軽に塗れる専用のペンも市販されています。

落とせない汚れは、「塗る」という発想を持つことも大切です。

5 取り替える

最後はオチのようですが、新品に取り替えるということです。

たとえば、浴室の鏡にはウロコのような汚れがつきますが、あまりにもひどい場合は、取り替えてしまうことです。研磨して汚れを取る労力を考えると、新品に交換したほうがいい場合もあります。ユニットバスの小さい鏡なら三千円前後で購入することができます。魚焼きグリルの網もコゲや油でギトギトだったら、取り替えることを選択肢に入れるといいでしょう。

家の中のほとんどの汚れは、「払う、溶かす、削る、塗る、取り替える」で解消できます。この五つをを念頭に入れて、汚れをラクに取り除きましょう。

部屋を守り、浄化する「そうじ力的」拭き方伝授！

先にも書いたように、拭きそうじには、「心をおさめる効用」がありますが、それに加えて、「ネガティブなものを浄化する効果」もあります。

つまり、拭きそうじによって、汚れをしっかり取るとともに、マイナスエネルギーを取り除くことで、そこにプラスの磁場ができあがるのです。

ここでは、その「そうじ力的」拭き方を紹介します。

用意するものは、「ぞうきん」と「バケツ」と、あなたの「思い」です。

ぞうきんは新しいものを用意しましょう。

水拭きで十分かと思いますが、汚れに応じて洗剤を入れてもいいでしょう。

まず、ぞうきんをしぼるときに「礼」の心を持ちます。

ぞうきんを水に濡らしてしぼりますが、このしぼるときに、ギュッと力を入れ、ぞうきんに対して「よろしくお願いします」という気持ちを込めるのです。

これは、神聖な場所を磨くことへの「礼節」の心をつくる作法です。


次に、しぼったぞうきんを広げ、角と角を合わせて拭きやすい大きさになるまで、たたみます。そして、いよいよ、拭いていきます。

◇場のエネルギーを整える「拭き残し拭きムラ無し」拭き

多くの人が拭きそうじをするときに、丸く円を描くような拭き方をします。


しかし、想像してみてください。

わかりやすくするために、赤い色のペンキが付いたぞうきんでテーブルを拭いたとしたらどうなるでしょうか?

テーブルの上にぐるぐる丸く色がついてしまいますよね。そして、色がついていないところは拭き残しです。

このように丸く円を描くように拭いてしまうと、拭き残しや拭きムラができるだけでなく、エネルギーもぐるぐる乱れてしまいます。

正しい拭き方は、直線です。ヨコ、タテどちらでもかまいませんが、ここではヨコにします。ヨコ一直線で拭いて、端までいったらぞうきんを半分下にずらして、再びヨコに一直線に拭きながら戻ります。

さらにぞうきんを半分下げて拭きながら端までくり返します。

半分ずらすことで二回拭いたことになり、拭き残しも拭きムラもなくなります。そして、最後にまわりを一周拭いて完成です。

これにより、エネルギーの流れも均一になり、磁場が整います。

実践してみると、自分の心がスッキリ整ってくるのを実感することができるでしょう。

◇心を整える「無念無想」拭き

「無念無想《むねんむそう》」拭きは、字のごとく、**「何も思わない、何も考えない」で、ただただ「拭く」という行為に専念する**ということです。

「何も考えなければいいのなら簡単そう！」と思うかもしれませんが、いやいや、それが簡単ではないのですよ。

人間は、すぐに、いろいろなことを考えてしまうのです。

「あ、メール返すの忘れていた」
「今日、夕飯何食べよう」
など、雑念が次々わいてきます。

そこで、雑念に振り回されないようにするために、心を整えるための仏教の瞑想法にある「数息観《すそくかん》」をしていきます。

やり方は、とてもシンプルです。

拭きながら、「1、2、3」とゆっくり数字を数えていくだけです。

違うことを考えてしまったら、また、「1」から数え直します。

瞑想では、息を吐いて「1」、吸って「2」、吐いて「3」というように、呼吸法と合わせて「10」までやり、また、「1」からくり返します。

これは、仕事で疲れたとき、作業の効率が落ちてきたとき、イライラする出来事があったときに実践すると、心が安定して絶大な効果が得られます。

◇幸運を呼び込む「ありがとう」拭き

もうひとつは**「感謝」**の気持ちを込めることです。

感謝ができないときは、不満があるときですね。

不平不満があるということは、どこかで「足りない」と思っているからです。

満たされない気持ちがあるということです。

この「足りない」という思いは、あなたの心から創造力を奪っていきます。

創造力、クリエイティブなエネルギーは、仕事はもちろん、人生を豊かにしていくために大切なものですよね。


ですから、感謝の気持ちに満たされた空間をつくりましょう。

まずは、「拭き残し拭きムラ無し」拭きで磁場を整えます。


次に、「無念無想」拭きで心と呼吸を整えていきます。

ゆっくり息を吐き、深く息を吸い込みます。

全身の細胞のひとつひとつに酸素が行きわたるように、呼吸に意識を合わせてください。


まずは、何もなくても、吐く息があり吸う息があることの尊さを感じてください。

酸素がなければ、生きていくことができなくなります。

無償で与えられている酸素に感謝を込めてみてください。

ありがたいなあとしみじみ胸にしみてくるようになればいいです。

もし、ありがたさがわからなければ、軽く息を止めて、苦しさを感じたら息を吸いましょう。

酸素のありがたさが実感できるでしょう。

次に、今の環境の中であなたが与えられていることを、ひとつひとつていねいに発見していきましょう。

健康である。
食べることができる。
住む家がある。
家族がいる。
仕事がある。
など、何でもいいのです。

「ある」ものを数えて心が満たされてきたのを感じられたら、次に自分を励ます言葉をかけてみましょう。

あなたのことをいちばんよく知っていて、あなたの頑張りもわかっているのは、ほかならぬ「あなた自身」です。

心を込めて、

「よく毎日頑張っているね」

と、唱えながら拭いてください。

その次に、家族がいる人は、一人ひとりの顔を思い浮かべながら「ありがとう」の気持ちを込めて拭いてください。

この「ありがとう」拭きは、自分の仕事のスペースで実践すると仕事能力アップに効果があります。また、キッチンやダイニングテーブルなどを拭くときに行なうと、幸せな家庭を生み出すことにも効果があります。

そうじ力の実践④ 整理整頓

目標達成、願望実現がどんどん早くなる!

「捨てることはできました。汚れを取るのも得意です。でも、部屋は相変わらず散らかりっぱなしです。整理整頓だけは苦手です」

という方は意外と多いのではないでしょうか。

そうじ力では、「捨てる」は心理的なものでした。「汚れ取り」は、汚れに関する知識と技術が必要ですが、これも心を磨くこととリンクしています。

一方、整理整頓は、目的をスピーディーに達成させるために行なうものです。

これができるようになると、どこに何が、どのくらいあるのかが明確にわかるようになるので、人生においても、**あなたのやるべきことがハッキリとわかってきます**。つまり、あなた自身の個性の弱点や強みがわかり、社会で、どのように役立つことができるかがわかってくるのです。

さらに、整理整頓を究《きわ》めると、論理的思考ができるようになります。なぜなら、モノが入ってきてから収まるまでをシステム化できるからです。それにより、**仕事が早く正確になるだけでなく、目標達成や願望実現もぐんと早くなります。**

部屋が散らかる最大の理由は？

さあ、整理整頓に入っていきましょう。
まずは、部屋の中の散らかる原因探しです。
部屋を見まわして、今散らかっているものを、観察してみましょう。

それらのものに帰る場所がありますか？

イメージの中で、帰る場所に帰してみましょう。服はクローゼットへ、食器は食器棚へ、本は本棚へ……、次第に部屋が片づいていきますね。それでも散らかったままのものは、帰る場所が決まっていない迷子のモノです。

モノが散らかる最大の原因のひとつは、**帰る場所がないモノが迷子になっている**ことにあるのです。

❏「捨てる」と整理整頓は別物です

モノが散らかる原因として、もうひとつ重要なことがあります。

家族で暮らしている家にありがちなことですが、行き先がわからないものに、家族のものがありませんか？

つまり、**家族の誰のものかわからないもの**が、無造作に何日も置かれていることはないでしょうか。それらは、住所不明、所有者不明の迷子のモノたちです。

ですから、家族で暮らしている場合は、整理整頓リーダーを決めましょう。リビングなど共用スペースで迷子になっているものに対して、どう扱うかの権限をリーダーが持つようにすると、整理整頓がスムーズになります。

それでは、そうじ力の整理整頓を定義していきましょう。

一般的に、「整理整頓」は、「整理」＝「捨てる」と考えられることも多いですが、そうじ力では、「捨てる」と「整理整頓」は区別します。

さらに、その「整理整頓」は、次のように分けられます。

「整理」は、モノをジャンル分けする。

「整頓」は、モノの置き場所を決める。タテ、ヨコ、高さを揃える。

順番としては、「捨てる」を終わらせて、残ったものを整理（ジャンル分け）して、ジャンルごとにモノの置き場所を決めます。

言葉にすると、とてもシンプルですぐにでも取りかかることができる気がします。

しかし、難しいのはモノの場所を決めることなのです。

「あるべきところにあらしめる」のが整頓です。

そのモノは、何の目的でどのようなときに使われるものですか？

どこの場所にあると、そのモノをもっとも効率よく使うことができますか？

塩コショウが、洗面所のキャビネットにあるのは違いますよね。キッチンのガスレンジの近くが塩コショウのあるべき場所です。

紙の整理整頓で、コツをつかむ

整理整頓が難しいものの代表に紙類があります。家族が四人いれば、四人分の紙が家の中に入ってくることになります。ちょっと油断すると、どんどんたまっていきます。

ここで重要なことがあります。それは、紙類については**家で一元管理**することです。そして、先の項で書いたように、整理整頓リーダーを決めて権限を持たせます。

はじめに、**「とりあえずボックス」**を用意して、家に入ってくるすべての紙類をいったんここに保管します。明らかに必要ないものは、ここのボックスに入れる前に捨てましょう。判断に迷うものはリーダーの判断で決めます。

次に「整理」。ジャンル分けしていきます。ここではファイルボックスを五つつくってみました。

1 子どもボックス（子どもの学校関係の資料など）
2 お父さん（お母さん）ボックス（仕事や個人に関する資料など）
3 お金ボックス（支払い期限のあるものなど）
4 生活情報ボックス（スーパーの特売の広告など）
5 一時保管ボックス（必要かどうか、あらためて判断するものなど）

次に整理した資料を、**時系列に「整頓」**していきます。

私が推奨するのは**「押し出しファイリング」方式**。

それぞれのボックスの中で資料を置く位置は、手前から新しいものにします。

今日が一一月三日とすると、その資料をいちばん手前に入れます。翌日の四日に何か届いたら、その手前に入れるというように、常にボックスの手前には最新のものが入っているという状態です。

いちばん手前が最新とわかっているので、資料を探すときも、「たしか先月の中頃だったな」と資料をさかのぼってボックスから取り出すことができます。また、必要がなくなっていれば捨てるというように処理をします。

まだ保管が必要だと思えば、付箋に資料を確認した日を記入してファイルにつけ、手前に置いていきます。

このように、ルールをつくって、それにしたがうことで、ボックスの中がぐちゃぐちゃになることもなく、頭の中も整頓できます。

整理整頓で人生の迷いがなくなった!

くり返しますが、整理整頓は、「自分にとって必要か、必要でないか」を自分に問い続ける作業ですから、それによって**自分が何を欲しているのか、どんな生き方をしたいのかが自然と見えてきます。**

もしあなたの部屋が整理整頓されておらず、なんとなく所有しているものばかりで埋め尽くされているとしたら、自分に何が必要で何が必要でないかがわからなくなっているかもしれません。

成功する人は、自分に必要なものの基準がはっきりしています。
どんなに部屋が広くても、不必要なものをそこに置き続けることはありません。
さらに、いらないものを捨てることはもとより、**「何を残すか」**という選択の基準が明確で、迷いがないのです。

「私はこのブランドのネクタイをつくる職人さんの考え方が好きだから、ほかのブランドのネクタイはいらない」
「色は五色あれば十分にコーディネートできるから、それ以上は増やさない」
「古くなったら処分して、同じブランドの新しいネクタイを買う」

このように、選択の基準にブレがないため、無駄なものを買うこともなくなり、自分がいいと思うものだけにお金が注ぎ込まれていきます。

人生が思うようにいかない、仕事も好きな職種につけていない、もっとお金が欲しいなど、不満や欲望を満たす代償としてモノを買ってしまうと、無駄なお金を使うことになるだけでなく、結局使わないものが狭い部屋に増えていきます。

こうした悪循環から抜け出すには、あなたにとって必要なモノを選ぶ思考を持つこと。

整理整頓は、人生の方向性を見きわめ、迷いを断ち切る最適な方法なのです。

「分散」のエネルギーと「集中」のエネルギー

あなたは、必要ないものを捨てることをあと回しにて、とりあえず何でもしまっておいたり、捨てようと思ってもなくなったら困る気がして、そのまま放置していたりすることはないでしょうか。

それによって、何が必要で何が必要でないかがわからなくなってしまうだけでなく、自分がやるべきことまでも、見えなくなってしまいます。

モノが乱雑に置かれている空間は、「分散」のエネルギーを発しています。

見えないように隠していても、乱雑な空間から発せられるエネルギーは否応なく襲ってきます。集中力が低下するため、仕事も含め、何をするにも時間がかかりますし、長続きもしません。やがては信用も失っていきます。

仕事でも私生活でも、空間がきれいに整い、整理整頓が進むと、作業スピードが上がり、時間に追われることがなくなります。

やるべきことややりたいことに対して、迷いがなくなります。

今、何をすればいいのか、何を優先させればいいのかが明確になるため、おのずと作業スピードが上がって、時間にゆとりが生まれるのです。

整理整頓された空間は、「集中」のエネルギーに満ちています。

今こそ、あなたの部屋を「分散」から「集中」型へ切り替えましょう。

あなたの願いをいち早く叶えるサポートをしてくれるはずです。

❏ 整理整頓でお金が貯まる理由

最近、セミナー参加者のみなさんからいただく声に、

「入ってくるお金は変わらないのに、お金がどんどん貯まる」
というケースが増えています。

世の中は物価高なのに、どうしてそのようなことが起こるのか、と思われるかもしれません。ですが、そうじ力のセミナーに集まる方々からは、貯蓄がラクにできるようになった、自分のやりたいことをするためのお金が増えたなど、うれしい報告が届いています。

じつは、その理由はとてもシンプルで、**「無駄なものを買わなくなった」**からです。

あたり前のことですよね。

でも、オンラインで購入できるものが格段に増え、ネットショッピングの消費量は増える一方です。クリックひとつでモノが買える現代では、ついつい「あれもこれも」と、手に入れてしまう人が多いのではないでしょうか。

そうじ力で部屋の状態を見て、モノと向き合い、必要でないものをどんどん捨てていくと、その場限りの欲望で買ってしまうことが減るだけでなく、モノを見きわめる力が身につき、購入する前に、「これは本当に自分に必要か」と考えるようになります。

すると、今まで二十万円のお給料を全部使ってしまったり、足りずに赤字を続けるような生活をしていた方が、毎月三万円手元に残るなど、お金のゆとりが生まれるのです。


続けて、さらなる好転につながるアクションがあります。

整理整頓によって論理的思考ができるようになると、**自分の強みが明確になります。**

それまで気づかなかったけれど、自分が世の中に対して発信できる情報が見つかって新たな仕事につながるなど、能力を発揮する方もいます。


欲望がおさまり、無駄な出費が減る。

自己の能力を見直して、収入を増やす。


この両輪を回すことは、人生に「いいお金の流れ」を呼びこむコツです。

□人生の切り替えをスムーズにあと押しする

知人の女性は、ブランドもののスーツやバッグが好きで、クローゼットにはそんな彼女のお気に入りのアイテムがたくさん詰まっていました。ところが、五十代を迎え、以前は大好きだったブランドもののスーツやバッグを身につけても違和感を覚え、だんだん疲れを感じるようになっていきました。

もっとラクな洋服が着たい。もっと軽いバッグを持ちたい。

そんな思いがわき起こり、気力も体力も昔に比べると落ちてきた自分にとって、必要なものが変わったんだと気づいた彼女は、クローゼットの中のアイテムを見直すことにしました。

「今の私が身につけたいもの」を基準に、スーツは無理なく着られる数着を選び、重さのあるブランドバッグはすべて捨てました。

こうして、五十代の自分にぴったりと合うアイテムが揃ったクローゼットは、部屋の中でいちばん好きな空間になったといいます。

すべてのモノが取り出しやすく、何がどこに入っているか頭の中で思い描けるので、寝る前に「明日は何を着ようかな」と考えてワクワクするそうです。

また、疲れを感じたりしたときも、お気に入りのクローゼットを見ると「やっぱりきれいな空間はいいな」とやる気が戻ってくるともいっていました。

いらないものを捨て、整理整頓したことで彼女の部屋がプラスのエネルギーに満たされているということです。

自分に何か違和感を覚えたり、変化を感じたりしたときは、その思いから目をそらさず、そうじをして部屋をブラッシュアップしましょう。

新たな人生への切り替えを、きっとあと押ししてくれるはずです。

第4章

「そうじ力」で実現する、願いが次々に叶う部屋

あなたの部屋が最強のエネルギー空間に変わる！

換気をして部屋と心のエネルギーの流れを変え、いらないものを捨てることで、過去と未来の執われから解き放たれるということ。そして、部屋の汚れ取りによって抱えていた悩みや問題も解決していくということ。

さらに、整理整頓によって、部屋の中がスッキリ、サッパリ、ハッキリした空間になることで、**やるべきことが明確になり、あれもこれもと迷いの多かった人生から、自分の目標に集中する人生が始まる**ということがおわかりいただけたと思います。

ここからは、さらに一歩進んで、あなたの潜在意識を解放し、**願いが次々に叶っていく部屋をつくる方法**を紹介します。

実現すれば、最強のエネルギー空間になるでしょう。

□「とりあえず」をやめたら、思いがけない道が開けた！

私のセミナーに参加していた二十代後半の女性は、セミナーが終わって自宅に戻り、あらためて自分の部屋を見まわして愕然としたといいます。

それは、部屋にあるほぼすべてのものが、妥協して買ったものだったからです。

デザインがあまり気に入っていなかったけど、とりあえずないと困るので買った家具や、生地はいいけど色が好みでなかったカーテンやカーペットなど、部屋の中が「とりあえず」のもので埋め尽くされていました。

それだけではありません。部屋を見て、仕事も恋愛も、友人とのつきあいも、そして自分の人生そのものも妥協の連続だったと感じました。

まさに、部屋に自分の人生が表われているということを実感したのだそうです。

そこから彼女は、そうじ力を実践します。

まず、自分の心の表われである部屋と向き合いました。

ガラクタを捨てて、汚れやホコリを取り除き、「妥協」を部屋の外に追い出しました。

きれいになった空間に心地よさを感じていると、以前、スウェーデンに行ったときに、将来この場所に住みたいと思ったほど感動したことを思い出したそうです。そこで、当時実現したいと思っていた北欧風のインテリアで部屋を統一しました。


そこから、彼女の人生は大きく変わりました。

部屋に帰ってくるのが楽しくなり、その部屋で生活することで気持ちがどんどん前向きになっていきました。ずっと辞めたいと思いながらも辞めることができなかった会社を退職して、転職もしました。おかげで仕事にもやりがいを持てるようになり、毎日がさらに楽しくなっていったといいます。

そのように彼女の人生からどんどん妥協が取り除かれていきました。

それから三年後、なんと彼女は憧れの家具ブランドのあるデンマークに住むことになったのです。彼女は、妥協で満たされた空間を、自分の大好きなものであふれる空間に変え、自分の心からの夢を思い出し、それを叶えました。


ここでのポイントは、彼女が部屋と向き合い、**妥協を追い出したこと。**

そして、**自分の大好きなもので部屋を満たしたこと**です。

マグカップひとつ、クッションひとつからでもいい

自分の大好きなもので、自分の部屋を満たしていくと、そこは最強のエネルギー空間となります。

「大好きなもの」とは、あなた自身を幸福にするものであり、向上させるものです。

キティちゃんが好きだったら、キティちゃんのぬいぐるみやキャラクター商品で部屋を満たせば「キティちゃん大好き空間」ができあがります。

キティちゃん好きには、そんな部屋があったら、毎日気分はハッピーで、やる気も出てくることでしょう。

一歩外に出たら我慢することも多いでしょう。

仕事をしていると理不尽なこともあるでしょう。

調和を保とうとして、気を使うことも多いと思います。

でもその我慢は、マイナスのエネルギーとなって、部屋の中にガラクタや汚れ、乱雑さとなって具現化し、そこで生活するあなたにもさらなるマイナスの影響を与えます。


自営業の五十代の女性は、ご主人とかつてないほどの大ゲンカをしてしまいました。

これは離婚も考えなければいけないと思うほどでしたが、ちょうど、独立して家から出た息子の部屋が空いていたので、きれいにそうじをして、ベッドと仕事机を移動させ、家庭内別居を始めました。

部屋を別々にする行動に出たのは、結婚生活ではじめてのことでした。

すると、これがとても快適で、背中に羽が生えたかのような自由さを得たといいます。

自分の個性が部屋いっぱいに広がっていく感覚を知ったそうです。

彼女はその後、ご主人から仲直り旅行を提案されました。

今はお互いに尊重しあいながら、夫婦として次の段階へ歩んでいるそうです。

まずは小さなものからでもかまいません。

「自分を取り戻す」ための行動として、たとえばマグカップやソファカバー、クッションなど、あなたの大好きなものに替えてみてください。

また、こんな人もいました。

すぐ買い替えるからと思ってとりあえず百円で買ったマグカップを、気づけば三年使っていたのだそうです。

それを、少し値は張りましたが、好きな食器メーカーのカップに買い替えたら、毎日紅茶を飲むたびに、幸せのエネルギーで満たされるようになったといいます。

あなたの部屋は、唯一のあなたの王国であり、あなたのお城です。

誰にも邪魔されることのない、誰の指図も受ける必要もない空間なのです。

ここで妥協は禁物です。大好きなもので満たしてください。

それは自身自分に愛情を注ぐ行為なのです。

モノが、部屋が、あなたを理想の人生に導く

前の項目でもお伝えしましたが、部屋の中から不用品だけでなく、「とりあえず」で選んだものを処分したら、少しずつでかまわないので、**自分が本当に気に入ったもの**で部屋を満たしていきましょう。

そして、それができたら、次は部屋の中のモノや、身のまわりのモノのレベルアップをしていきます。

今までは、キッチンのお皿も枚数もわからずごちゃまぜで、とにかく食器棚に詰め込んでいたかもしれません。

これからは、そこから不要なものを処分して、自分に必要な数を決めるだけでなく、今の自分には少し贅沢かもしれないと思うような「いいもの」を使うようにします。

贅沢というと語弊があるかもしれませんが、使うたびにテンションが上がる、自分のこ

だわりが詰まっている、そのような食器やグラスなどです。

私はというと、筆記用具を少しずつレベルアップさせました。

若い頃は、とりあえず字が書ければいいという精神で、どこかでもらったペンを使っていたのですが、どこでもらったかもわからないようなペンはすぐになくしてしまうのです。出かけた先でなくしては適当なものを買うのをくり返して、最後まで使わないペンを何本買ったことでしょうか。私には本を書くという大切な仕事があるのに、これではダメだと考え、思いきって五千円の万年筆を買いました。

それまで、適当な安いボールペンを使っていたので、五千円の万年筆を買うのはハードルが高かったのですが、そこから意識がガラリと変わりました。

その後、仕事を頑張って、八万円ほどのモンブランの万年筆に替えました。もう十年ほど使っていますが、今ではしっくりと手に馴染んで、文字を書くたびに気分が上がって、仕事がはかどります。

上質なものは値も張りますが、長持ちします。愛情もこもるので、大切に使い続けることで費用対効果も高くなります。無駄にお金を使うこともなくなります。

大好きなものであなたの空間を満たし、少しずつモノのレベルアップをさせてください。

あなたの空間は、あなたの大好きなもの、目にするたび、使うたびにテンションが上がるもので構成してください。家具やソファ、リネン、カーテン、洗剤や歯ブラシなど、あらゆるものが対象です。


あなたが気に入った好きなものを集め、いいもので揃えていくと、あなた独自の強烈なエネルギー空間ができあがります。

それが強固になればなるほど、さまざまな奇跡が起こってきます。

❑私の人生を変えた「本でいっぱいの書斎」

私は二十代の終わりに再婚して、狭い部屋から再スタートしました。

まずは家族をいちばんに考えて、書斎を持つつもりはありませんでしたが、妻が、「あなたは将来大きな仕事をするようになるから」と、部屋を持たせてくれました。

その当時、私は清掃の仕事をしていたのに、です。

前のほうにも書いたように私は本が好きです。はじめは古本屋で本を買って、少しずつ本棚に本を増やしていきました。そこは、自分が本当の自分に戻れる大好きな部屋でした。

そして、それから五年後に作家になりました。

今振り返ると、狭い部屋にもかかわらず、妻が書斎を持たせてくれたからだと思います。

少しずつでいいので**時間をかけて、楽しみながら、大好きなものであなたの空間を満たしてください**。それが、あなたの夢をかなえる強い「結界（力）」になります。

きっとあなたは、大好きなものをひとつ増やすごとに涙することでしょう。

大げさにいっているわけではありませんよ。

「私は幸せになっていいんだ」「幸せになれるんだ」と、深く心から満たされるのを感じるはずです。

先に、部屋を自分の大好きなもので満たすことは、自分自身に愛情を注ぐ行為だと書きました。


誰かに心から愛されたら、その人に感謝の気持ちが生まれますよね。

自分を愛する自分に感謝したくなるはずです。もっと自分を大切にしようと思います。するとあなたの体にも心を配るから、食べるものも変わっていきます。あなたが満たされ、幸せな気持ちで毎日過ごすことができるようになれば、自然と、まわりの人を幸せにしたいと思うでしょう。


すると、人間関係は自然と良好になり、会社でも必要とされる人となるでしょう。

もっと自分の能力を高め、世の中の役に立ちたいと思うでしょう。

また、独立したとしてもまわりから頼りにされるだけでなく、経済面でも豊かになって発展していくのです。

そうじ力の効果が倍増！部屋を整える七つの要素

そうじ力によって、マイナスのエネルギーを取り除き、さらに自分自身の大好きなもの、自分を向上させるものを取り入れた、自分自身の個性が発揮された部屋は、まさにプラスのエネルギーに満たされた空間です。

プラスのエネルギーによって**あなたの「考え」が変わり、「行動」が変わり、「望む未来」が次々実現していくことでしょう。**

それは、リーダー職に就くことであったり、転職、または独立することであったり、結婚することであったりするかもしれません。新しいステージが実現していきます。

ここからは、あなたの部屋に取り入れることで、そうじ力の効果を倍増させる「七つの要素」をお伝えします。

七つの要素とは、**光**、**水**、**香り**、**音**、**色**、**インテリア**、**植物**です。

では、さっそく説明していきましょう。

光◇◇◇自然光の力と照明の力で心を整える

光といえば、まず思い浮かぶのが「太陽の光」です。

日光がたくさん入ってくるリビングは、最高に気持ちがいいものです。逆に、部屋に光が入らず、いつも薄暗かったら、それだけで私たちは気分が萎《な》えてしまうでしょう。光は私たちの生活に欠かせないものです。

教会には大きなステンドグラスがありますよね。

じつは、教会のステンドグラスには意味があります。最初につくられたのは九世紀頃で、ゴシック建築の時代に発展しました。スコラ哲学の「自然の光と恩寵の光は調和する」という主張が取り入れられているといいます。

光は神の象徴であるということから、教会はステンドグラスを多用して大きな窓を設置し、たくさん自然の光を取り入れるようになったのだそうです。

そうじ力でも、光はとても大切なものと考えています。自然光を室内に効果的に取り入れることによって、エネルギーの高い空間をつくることができるからです。しかし、光が大切であるとわかっても、自宅の部屋ではなかなか思うようにいかないかもしれません。

そんなときは**「照明」**をうまく活用しましょう。

照明の光は、明るさや点滅数の調整によって、集中状態にしたり、精神をやわらげてリラックス状態にしたりすることができます。

○仕事の効率がぐんと高まる蛍光灯の光

蛍光灯は、一秒間に点滅する回数が百~百二十回もあります（LEDも同じです）。

この点滅は、肉眼で確認することはできませんが、私たちの精神に刺激を与え、神経を高ぶらせます。それが集中力を高めることにつながります。精神にもっとも刺激を与えるのが蛍光灯の光ということになります。

蛍光灯の色は五種類あります。

「電球色」「温白色」「白色」「昼白色」「昼光色」です。

いちばん明るい真昼のような色が「昼光色」です。

集中力を必要とする場所は、オフィスや工場などの仕事をする空間、学校や塾などの勉強をする空間ですが、このような場所では、蛍光灯の「昼光色」が効果を発揮します。

自宅であれば勉強部屋や書斎に適しています。ここには、机の上に電気スタンドを置いてスポットで使うのがおすすめです。


日本特有のものなのか、リビングや寝室などでも、蛍光灯の「昼光色」を使っているご家庭が多いようですが、あまりおすすめしません。

職場や学校で、神経を高ぶらせる蛍光灯の光を浴びているのに、自宅に戻ってからもまた蛍光灯の光を浴びることで神経が休まらず、それが不眠の原因になっていると指摘している専門家もいます。

海外から日本に来る旅行者からも、日本の部屋の照明は明るすぎて、リラックスできないという声は多いそうです。

○まるでロウソクの炎のようなリラックス効果

それでは、リラックス効果のある光とは、どのようなものでしょうか。

それは、ロウソクの炎です。

炎のゆらぎが、心の緊張をほぐし、リラックス状態をつくります。ただ、ロウソクだと光量が少ないので現実的ではありませんね。

そこで、白熱球です。白熱球には、ロウソクの炎ほどではありませんが、「1／fのゆらぎ」と呼ばれる癒し効果があります。また、白熱球のオレンジ色の光は、太陽光の色にもっとも近く、安らぎを与えます。


最近は、蛍光灯もシーリングライトのように調光できて、さまざまな色に変えることができます。寝室など、リラックスしたい空間では、蛍光灯の色を「電球色」にすることをおすすめします。昼間のように明るい「昼光色」よりは、精神を落ち着かせることができます。白熱灯にはかないませんが、光量を落として安らぎの色にすることによって、リラックス効果は得られるでしょう。

あなたが帰宅したときをイメージしてみてください。

照明を使って、空間のエネルギーを整える例としては、玄関の照明はワット数を高めにしておきます。明るい光で、マイナスのエネルギーを払います。また、洗面所も鏡に映った自分の姿がよく見えるように、照明は明るいほうがおすすめです。

鏡に映った自分にニコッと微笑《ほほえ》みかけて、「今日も一日お疲れ様」と声をかけましょう。リラックスするリビングは、ダウンライトや白熱灯の間接照明がおすすめです。

水◇◇◇疲れがたちまちとれるやさしい浄化作用

水は、私たちの体にさまざまなよい効果を与えてくれます。人体の約六〇パーセントは水分ですから、私たちが生きる上でも欠かせないものです。

手を洗ったり、お風呂に入ったり、キッチンで洗い物をしたり、水を使っているときに、何か自分にまとわりついているものが、パッとはがれるような感覚になったことはありませんか？

じつは水には、気分をスッキリさせたり、イライラをスーッと解消させたり、怒りを一瞬でおさめたりする効果があるのです。

疲れたときなども、水で手をよく洗うだけでずいぶんラクになります。

部屋や玄関にミニ噴水を置いている家もあるかと思います。チョロチョロという水が流れる音と、水が循環することで、場を浄化する効果があります。

○水のチカラで簡単エネルギーチャージ

水のミストをまくのも、場のエネルギーをクリアにする効果があります。

外に出かけると、マイナスのエネルギーを受けてしまうことがありますが、そんなときも水の力を使って浄化するといいでしょう。

まず玄関にミニ噴水などを置いて、水の音で外のエネルギーを持ち込ませないようにします。さらに、部屋に入る前に洗面所でしっかり手を洗ってマイナスエネルギーを取り除きます。

その後、リビングでは、お気に入りの香りのエッセンシャルオイルを数滴垂らしたミストスプレーで噴霧すれば、短時間で疲れがとれて、エネルギーチャージできます。

香り◇◇◇リラックスしたいときも、集中力を高めたいときも

私は執筆をするときに、集中するためによく線香を焚《た》きます。気に入っている線香は「式年《しきねん》線香」というもので、伊勢神宮の式年遷宮のときにつくられるものです。

この線香はとくに集中力を必要とする仕事のときに使い、普段はその式年線香に近い香りのする線香を焚いたり、アロマを焚いたりします。

また、そうじをするときは、元気が出るような柑橘《かんきつ》系の香りを使ったりします。

玄関はいつもほのかなローズの香りにしています。

このように私は日常的に「香り」を活用しています。

セミナーをするときも、始める前に会場を徹底的にそうじして、きれいになった空間にラベンダーやハーブの香りのミストを振りまいて「場」を完成させます。

香りの歴史はとても古く、三千年前の古代エジプトが発祥ともいわれていますが、宗教

的儀式の中では、邪気を払うために香りを使ってきました。

香りは、人の嗅覚がとらえますが、五感のうちで唯一、直接本能や感情を支配している大脳辺縁系に働きかけるのだそうです。この部分には記憶をつかさどる海馬があって、香りの情報はダイレクトに海馬に記憶されます。

このように、香りは人に与える影響も大きいということです。

以下、簡単に香りの効果を載せておきます。

・イライラを解消する効果　ローズ、ラベンダー

・頭をクリアに、また元気を与えてくれる効果　レモン、オレンジ、グレープフルーツなどの柑橘系

・精神を安定させて深い眠りに誘う効果　ローマンカモミール、ヒノキ、サイプレス、ラベンダー、ベルガモット

・集中力を高める効果　ユーカリ、レモン、レモングラス

・頭の回転をよくする効果　ジンジャー

・眠気を覚ます効果　ペパーミント

・幸福感を与えてくれる効果　ネロリ、ベンゾイン、フランキンセンス

ここに挙げたのはほんの一部ですが、ぜひ香りの効果を取り入れてみてください。

音◇◇◇心と体に作用する強力な癒し効果

音が心に与える影響も大きいものがあります。

私はカフェで仕事をすることも多いのですが、カフェで仕事がはかどる理由のひとつは、心地よいBGMにあると思っています。

音はあるのに思考が邪魔されず、むしろある一定のリズムで流れる音によって自然と雑念がとれて集中力が高まります。

以前、音楽の力についてこんな体験をしました。

朝早くから午前中ずっと原稿を書き、午後から取材を三本受けて、立っていられないほど疲労したことがありました。

それ以前から講演が続いていて疲れがたまっていたのもあって、ホテルのラウンジで動けなくなってしまったのです。

その日は、夜にクラシックコンサートを聴きに行く予定を入れていました。あまりにも疲れていたので行くのをやめようかとも思ったのですが、なんとか頑張って行きました。するとわずか二時間ほどの演奏でエネルギーがフルチャージされたかのように力がみなぎってきたのです。

その演目は、モーツァルトの大ミサ曲でした。

合唱とオーケストラを合わせると二百名以上になる大編成で、涙が流れるほどすばらしい演奏でした。音から発せられるエネルギーに圧倒されました。


モーツァルトの曲は、心身にいい影響を及ぼすということで、音楽療法として研究されています。

『モーツァルトを科学する』の著者、フランスの耳鼻科医アルフレッド・トマティスによると、モーツァルトの音楽は、自律神経に働きかけて、疲れた体と心を調和させる効果があるのだそうです。

また、モーツァルトを聴き続けていた学生は、聴いていない学生より成績がよかったという結果も出ているので、子ども部屋にモーツァルトを流すと成績が向上する効果が期待できます。

以前、私が住んでいた自宅近くに、ペットショップと花屋さんが一緒になった大きなお店がありました。

店内はまるで植物園のような感じでしたが、動物も植物もイキイキとしていました。そこで買った花や観葉植物はとても長持ちしましたが、その店内にはいつもモーツァルトが流れていました。たしか、アイネ・クライネ・ナハトムジークなどの弦楽四重奏曲だったと思います。

モーツァルト以外にも、バッハは平常心を取り戻す効果があり、ベートーヴェンは困難を乗り越える力があるともいわれています。ロックやポップスはモヤモヤした気持ちを吹き飛ばす力もあります。

○強力な自然音の力

雨の音や波の音、川のせせらぎなどの自然音には、心が休まる効果があります。

また、自宅で水の自然音の音源を流し続けると、その場が清浄に保たれます。

あるとき、自宅の観葉植物が元気がなかったので、試しに屋久島の自然音を流してみたところ、元気を取り戻したのには驚きました。それから我が家では、いつも屋久島の水の音を流しています。

鹿児島県の屋久島は、ミクロネシアのポンペイ島と同じ形をしていて、一説には人工島といわれています。なかなか謎が深い神秘的な島ですが、屋久島の自然音は癒し効果が高く、疲労回復に効果的です。

色◇◇◇目的に合わせて上手に活用しよう

空間を強化するアイテム、次は「色」です。

古くから「色」は結界と密接な関係があります。

たとえば神社でも、色の力が効果的に使われています。

鳥居の基本的な色は**「朱色《しゅいろ》」**です。また、社殿に朱色が使われていることも多いですし、巫女《みこ》さんの袴《はかま》も朱色です。朱色は、魔除《まよ》けの色、邪気《じゃき》をはじく色とされているようです。

朱色は、オレンジと赤の中間くらいの色です。

一般的に、**「オレンジ色」**の効果には、元気になる、能力開放などがあります。

これが**「赤色」**になると、体を温める、興奮、活発化、時間がたつのが早く感じるなどの効果があるそうです。

「青色」は、気持ちをおだやかにさせ、集中力を高めます。

子ども部屋のインテリアに青色を取り入れると、学力が上がるという話を聞いたことがあります。私も昔から、万年筆の色は青です。

オレンジや赤は、食欲増進につながり、逆に、青は、食欲を低下させる効果があります。

「緑色」は、やすらぎです。緊張をほぐし、疲れを癒す効果があります。

「黄色」は、希望や喜びを引き出します。

「白色」は、実際には色がないといわれていますが、「光」を表わす色として表現されることもあります。

効果としては、**浄化、清潔、体内時計を調整する、気分を一新する**などがあります。

たとえば、「浄化」というテーマのもと「洗面所」を白で統一してみるというのもいいかもしれません。

色の効果を知って、部屋に取り入れてみてください。

インテリア ◇◇◇ なりたい自分に近づく近道

部屋をどのようにしたいのかというコンセプトが、インテリアには表われやすく、部屋の印象を左右するものとして非常に重要な要素です。

私もかつては、とにかく座れればいい椅子や隠せればいいカーテン、収納はカラーボックスなど、機能さえ果たしてくれれば、安ければ安いほうがいいと考えていた時期がありました。しかし、そうじ力によって少しずつ自分の強みを発揮して仕事ができるようになると同時に、インテリアが変化していきました。

そうじ力で考える、インテリアの効用は、自分がどんな生き方を目指したいかというコンセプトを明確にできることです。

以前、椅子のデザイナーのお話を聞かせていただいたことがあります。

その方は、椅子をデザインするときには「この椅子に座る人にどのようにリラックスしてもらうか、どのような時間を過ごしてもらうか」というところからイメージするそうです。そのイメージをもとにデザインが決まり、材質が決まってくるのです。

インテリア選びもこだわると値段は高くなりますが、あなた独自のエネルギー空間をつくるには欠かせない要素です。

植物 ◇◇◇ 不思議な生命力で願いを叶える

部屋に花や観葉植物があると、それだけで心がなごみますが、植物にはあなたが日々外で受けているマイナスエネルギーを吸い取って、清浄なエネルギーに変換してくれる力もあります。

玄関に観葉植物を置いたり、ダイニングテーブルの上に花を飾ったりすると、場のエネルギーが清浄に保たれます。

ここでは、そうじ力を実践する上で、とても効果的な植物を紹介します。

○勝利、自己実現のガジュマル、繁栄の力を持つモンキーポッド

ガジュマルは、「ジャングルの殺し屋」という異名を持つ木です。生命力にあふれ、まわりの木に絡《から》まり寄生して成長し、その木々を枯らしてしまうほどです。熱帯地方に生息するクワ科の常緑高木で、日本では沖縄に多く自生しているのが見られます。

名前は「絡まる」「風守る」から変化してガジュマルとなったといわれています。

沖縄ではガジュマルには「キジムナー」という精霊がやどっているといわれ、幸せをもたらすそうです。ハワイなどでも、神がやどる聖なる樹木とされ崇拝されてきました。

この木は、「勝利の木」「夢を叶える木」ともいわれていますので、観葉植物として部屋に置いておくと、自己実現の力を与えられます。

モンキーポッドは、枝が空を覆うように横に広がっていきます。雨が降る前に葉を閉じることからレインツリーとも呼ばれていますが、繁栄、発展を叶える力を持っています。

ガジュマルとモンキーポッドは、とてもパワフルな木なので、置く場所はリビングがいいでしょう。

○復活、夢実現の力、ヤシの木

ヤシの木には、太陽の光を浴びて空高く伸びていく力強さと、強風でも折れない柔軟さがあります。

ヤシの実には水が入っていて、飲料や食料にもなります。

フェニックスロベレニーなど、フェニックスと学名にあるヤシの木は、その名の通り、不死鳥《ふしちょう》という意味があります。

みずから炎の中に飛び込み、身体を焼き尽くし、そこから再び美しい鳥となって羽ばたくフェニックスのように、ヤシの木も生命力が強く、復活して勝利するエネルギーがあるとされています。

もう一度、夢にチャレンジしたい方や、体力や精神力を復活させたい方は、この木をリビングの窓側に置くといいでしょう。

○ひらめきを与えてくれる植物、サボテン、エアープランツ

仕事をする場所には、サボテンやエアープランツがおすすめです。どちらもひらめきを

与えてくれるといわれています。

エアープランツは根がない植物です。野生のものは、大きな木に引っかかっていて、強い風が吹けば、また次の場所に飛んでいく、ジプシーのような植物です。

この植物からは「自由」のエネルギーをもらえます。机の上などに置いておくと、発想が豊かになる効果が期待できます。

○家の守り木になる宇宙樹

「宇宙樹」という言葉を聞いたことがありますか？　宇宙樹という種類の木があるわけではなく、地域によっていろいろな木が宇宙樹とされています。

たとえば、インドでは「菩提樹」が聖なる木、宇宙樹といわれています。

インドネシアなど熱帯地域では「ガジュマル」が宇宙樹とされていますし、北欧では「トネリコ」、アフリカでは「バオバブ」、エジプトでは「いちじく」が宇宙樹とされているようです。

共通しているのは、どの木も非常に生命力が強いということです。

まだ、ほかにもあるかもしれませんので、宇宙樹を調べて、自分の好みにあったパワーあふれる樹木をリビングに置いて、家の守り木にするといいでしょう。

○ひらめきをもたらす胡蝶蘭

ひらめき、インスピレーションを得られる植物として、もう一種紹介したいのは、胡蝶《こちょう》蘭《らん》です。「女神の乱舞」という異名を持つ、とても品位の高い花です。

私は一度、ある会社の胡蝶蘭で囲まれたフリースペースで打ち合わせをしたことがありますが、座るなりアイデアがどんどんわき出てくるという経験をしました。

胡蝶蘭ではありませんが、シアトルのアマゾン本社には、植物園の中にミーティングルームがあるそうです。最先端の企業は、植物を使って仕事の効率を上げる研究がされているのですね。

○寝室に置くといい観葉植物

寝室には、空気清浄力の高い観葉植物を置くのがおすすめです。

有名なのは、NASAがスペースシャトルや宇宙ステーションなどの密閉空間の生活環境を二十五年かけて研究し発見した、「サンスベリア」です。非常に空気清浄効果が高いとされています。

ホルムアルデヒドやアンモニア、クロロホルムなどシックハウス症候群の原因となる有害物質を除去する効果もあるといわれています。

同じような効果がある植物として、ドラセナ（幸福の木）やポトスなどがあります。

アレカヤシも、一酸化炭素などを吸着してくれるのに加えて、空気中に水分を蒸散する作用もあるので寝室に置くのにおすすめです。

また、植物が置かれた寝室で眠るのは、高ぶった精神を落ち着かせる効果がありますし、目の疲れもとれるそうです。

森林浴をしながら熟睡し、清々しい朝を迎えられます。

不眠症の方は、ぜひ植物を効果的に使うといいでしょう。

また、健康を回復したい方、若返りを目指したい方は、ゴムの木がおすすめです。ゴムの木も古くから人の役に立ってきました。

古代エジプトの医学書にもゴムの木の薬効が載っていますし、顔のシワを伸ばすクリームとしても使われていたようです。

○玄関に置くといい植物

玄関には、邪気を払う魔除け植物として、トゲトゲの葉のヒイラギや松、寝室の項でも紹介したサンスベリアが適しています。

ほかにも、仏壇には、お供え花として菊を飾りますが、この菊の香りが邪気を払うといわれています。またユリの花も菊の花の香りと同じ効果があるといわれています。ガーベラやひまわりは元気を与えてくれます。

花の力も強いものがあります。部屋のテーブルの上に一輪飾るだけで、そのまわりをきれいにしたくなりますよね。そうじへのモチベーションも高めてくれます。

きれいになった部屋に、ここで紹介した「光」「水」「香り」「音」「色」「インテリア」「植物」の七つの要素を取り入れ、「その場にいるだけで幸せ」と思える空間をつくってください。あなたが望む理想が明確になり、願いが次々叶っていくことでしょう。

第5章

一日「ひと拭き」から始まる うれしい奇跡！

そうじに関する多くの人の誤解

「そうじ力」を始めようとする方から、よくこんな言葉を聞きます。

「そうじ力がすごいことはよくわかりました。でも続ける自信がありません」
「いつも何をやっても三日坊主で終わってしまいます」

ここで、みなさんが「そうじをする理由」を考えてみてください。

おそらく、「部屋が汚れているから」と答えるのではないでしょうか。
部屋が汚れていなければ、そうじする必要はない。
じつは、これはほとんどの方に共通する誤解なのです。

そうじに苦手意識を持っていたり、大変だと思ってしまったりするのは、**部屋が汚れてから、そうじに取りかかる**ためです。ひどい汚れがなければそうじはとてもラクで、かかる時間はわずかです。

私は、**そうじは「部屋をきれいに保つためにするもの」**と考えています。

きれいなところをより磨き上げることで、日々自分の心と向き合い、どんどんステップアップしていく〝いい運気〟を維持し続けることができます。

そうです。**そうじとは「運をよくする習慣」なのです。**

この意識改革をすると、日々のそうじのハードルがぐんと下がるだけでなく、そうじをするのが楽しみになります。

汚れた部屋をきれいにしたら、ぜひ、そのきれいさを保つそうじ力を実践していきましょう。

そうじ力を習慣化する「すごい効果」

この本を通して何度もお伝えしていますが、そうじは「汚れた部屋をきれいにする」ことが目的ですが、そうじ力は**「部屋を通して自分の現状を見て、心を変える」**ことが目的です。

そうじをすることで知らず知らずのうちについた、心の汚れやクセを見きわめて、あなたがなりたい未来の目的に向けて行動することで、運命の流れが変わっていきます。

心磨きになるそうじ力は、そうじをやったりやらなかったりする人と、やり続けている人では、その効果に**格段の差**があります。

その理由は、**そうじ力を習慣化することで心が安定するとともに、運命を好転させる効果も安定していく**からです。

またそうじ力が習慣化していくと、やめたいと思っていた習慣がいつの間にかなくなったという体験をする人もいます。

よく「悪習慣」といういい方をしますが、自分で悪い習慣だと思っていることに正面から対抗してやめようとしても、うまくいきません。

それは、悪いことをしている自分を、自身で裁いているからです。

しかし、そこから意識してそうじを続けることができれば自己肯定感が上がります。

「こんなこと（やめたいこと）をしている自分でも、トイレそうじができた」「今日は洗面所のそうじもできた」と、二つよい習慣ができたら、悪い習慣をひとつ消す力になります。

不思議なほど、無理なくやめたい習慣がなくなっていく方が多いのですが、これは自分を認めることができたからです。

いいことを続けている自分に見合った生き方をしようと、無意識下で切り替えが起きているのです。

体験者のWさんは、そうじを習慣化した効果をこう話します。

「習慣化すると、そうじをあまりやっていなかったときよりきれいさを維持する手間がかからなくなりました。たとえば、洗面所も水を使ったあとに、飛び散った水滴を乾いたタオルでサッと拭けば、それだけで蛇口も鏡もピカピカ。こんなにラクに、きれいな状態を毎日見ることがとてもうれしい！」

きれいな状態が続くことが、あたり前で気持ちいい、うれしい。

そんなふうに、そうじができていることが自然になるのが理想です。

いい習慣を増やす。

これが、幸運への近道であることは間違いありません。

一日ひとつからでも効果がある

そうじを習慣化するのがいいことはわかるけれど、それができれば部屋が汚れてなんかいない。

そんな声もあるかもしれません。

たしかにそうです。

では、そうじができない理由は何でしょうか？

これまでのケースを見ていると、そうじを挫折してしまう理由のひとつに、**一気にやろうと頑張りすぎてしまうこと**があります。

まずはリビングに散乱するモノを仕分けようとしたら、放置されていた雑誌が目に入り読みふけってしまった。

休憩がてらトイレに行ったら、便器の汚れが気になって始めたけれど、落としきれなかった。

次に洗面所に行ったら、今度は蛇口の水アカが目に入って……。

というように、あちこち手をつけたものの、どこも中途半端になってしまい、きれいにならない。そんなケースも多々あります。

うまくいくコツは、「集中する」ことです。

つまり、**なるべく狭くて簡単な場所から始める**こと。

「今日はダイニングテーブルを拭こう」

「トイレの床をきれいにしよう」

「洗面所の鏡を磨こう」

「タンスの引き出しひとつから取りかかろう」

このように細分化して、一か所に決めてやると格段に成功しやすくなります。

それと、もうひとつ。**これはとても重要なのですが、あまり意気込まないこと。**

続けようと意気込むものは、自分のためとはわかっているものの苦しさが伴うため続かないのです。

そうじを続けられない、という方は、きっと義務感や「やらねばならない」という気持ちで始めていることでしょう。

まずは、小さなところから始めて、**部屋がきれいになるとともに心もきれいになることが「うれしく、楽しく、気持ちいい」という体験**をしてください。

そうじができた、気持ちがいい、そんな成功体験を積み上げていくと、毎日どこかをきれいにしたくなっていくのです。

そして気づけば、そうじが一日できた、三日できた、一週間、一か月……と、無理なく継続していけるようになります。

「継続は力なり」

これはそうじ力でもいえること。

最初はどんなに小さな一歩でも、続けていけば、あなたの人生に起こる変化と成功の実現は速く、大きくなっていくのです。

毎日の「ついでそうじ」でラクラク運気アップ！

そうじはなるべく狭くて簡単な場所から始めること。そしてあまり意気込まないこと、とお伝えしました。ですから、毎日のそうじは時間をかけず、ラクに続ける工夫をするとうまくいきます。

そのコツは、**「日々の習慣にそうじをプラスする」**こと。

たとえば、「毎朝起きたらトイレに行く習慣」は、誰もがあるでしょう。そのとき、トイレのついでに床を拭く、ホコリを取る、といったそうじを加えます。

この毎朝トイレそうじを、私の家では家族で分担してやっています。

朝が早い義母はトイレットペーパーの補充とお手拭きタオルの交換。私はホコリ取りの担当で、便座を拭き、換気扇についたホコリも小さな掃除機で吸い取ります。床や壁もサッと拭きそうじ。妻は便器の中を磨く係、という具合です。

この分担は、キッチリ決めたわけではないのですが、気づいたら「きれいなトイレを保ちたい」という家族の思いで自発的に決まりました。毎朝そうじをしていれば、ひどく汚れた状態にならないので、すべてが一分程度で終わります。

ほかにも、洗面所を使ったら水ハネを拭く、コーヒーを飲んだらカップをすぐ洗うというように、「使った場所やモノをそのつどきれいにする」くらいで十分です。

こうしてみると、どれも小さなアクションで、かかる時間はほんのわずか。毎日のそうじは「ちょっとだけきれいにしよう」という心がけの積み重ねでいいのです。

一日の中には、行動のついでにできるそうじのチャンスがたくさんあります。

朝、昼、夜ごとにどうやって組み込めるか、見ていきましょう。

さらに、〈部屋別・そうじのポイント〉もご紹介します。部屋を通して、一緒に運気アップも叶えましょう!

❏朝のそうじ力　一日を気持ちよくスタートさせる

一日の流れをつくる朝。

そのタイミングでそうじをすると、よいスタートを切ることができます。

そうじで体を動かすと、行動も軽やかになり、部屋のエネルギーも高まります。すると、「なんだか今日は調子がいいな」というように、終日のリズムも整っていきます。

朝、グズグズしていては運気も下がってしまいます。

外出する日もしない日も、いい流れをつくる朝そうじで、快適なリズムをつくっていきましょう。

朝そうじ力の例

☆目覚めたら、窓を開けて換気をする

☆トイレのホコリを取る、拭く

☆洗顔や歯磨きのあと、洗面所を拭く
☆窓の汚れを拭く
☆布団をたたむ、ベッドメイキング
☆脱いだ服をたたむ、または洗濯機に入れる
☆朝食のあと片づけ
☆玄関のたたきを掃《は》く
☆ゴミを出す

部屋別・そうじの効果とポイント

【トイレ】

―謙虚さと周囲の人に対する感謝の気持ちが表われる場所。あらゆる物事への感謝の気持ちを持って便器、床、壁を拭くと、金運上昇の効果も。

【洗面所】

―ありのままの自分を映す洗面所の鏡。手を洗うなど、清潔さを保つ場所。洗面所が汚れ

ると素《す》の自分に自信がなくなります。鏡やシンク、蛇口を磨いて光らせれば、外見も内面も自信アップに。

【窓・ベランダ・庭】

―部屋の中から唯一外が見える窓は、外の世界との接点。人づきあいが減っている場合は窓が汚れている可能性が。またベランダや庭は、住む人の顔ともいえる場所。汚れは犯罪やトラブルを招く要因になることもあるので、常にきれいに保って。

【玄関】

―家に出入りするエネルギーの通り道。関所の役割を持っています。そうじできれいにすると幸運を招き、不運を跳ね返すプラスのバリアが張られる効果が。たたき、ドアの内側と外側、靴も磨いて。

【ゴミ出し】

―不要なゴミは、部屋の中に留まらせるとマイナスエネルギーの発生源に。ゴミ出しの日に合わせて、こまめにゴミを出す習慣を。

□昼のそうじ力　即効果アリの開運アクション

外出する場合は公共の場所、家にいる場合は家族が集《つど》う場所をそうじしましょう。

会社に出社しているのであれば、デスクまわりやロッカーなど、自分が使う場所を整えてから仕事を始めると集中力がアップします。

また、会社、レストラン、喫茶店など外出先を問わず、トイレや洗面所を使ったら水回りを拭く、ゴミを拾うといったアクションは、次に使う人や社会に対する貢献になり、運気アップにつながります。

どれもちょっとしたことですが、「利他の心」を持ってそうじをすると、人間関係も運もめぐりがぐんとよくなります。

家にいるなら、リビングやキッチンを。家族が快適に暮らせれば、家庭は円満になります。ひとり暮らしでも、自分をもてなす気持ちでそうじをしましょう。

昼そうじ力の例

☆会社の机の上を拭く
☆パソコン、携帯のデスクトップや資料の整理をする
☆メール・SNSのチェックをして、不要なものは消去する
☆出先で水回りを使ったあとは拭く
☆会社、出先でゴミが目についたら拾って捨てる
☆リビングに掃除機をかける
☆キッチンの汚れ取り、整理整頓をする

部屋別・そうじの効果とポイント

【会社のデスク】

—仕事の能率アップには、机の上を拭く、卓上のモノの整理が効果的。また、パソコンのデスクトップにアイコンがたくさん並んでいるなら、定期的に見直しを。

【リビング】

―リビングは家の起点、中心という意味を持ち、日中バラバラに活動している家族が再び集結する要《かなめ》になる場所。リビングの居心地のよさは、そのまま家族の調和につながります。また来客があったあとは、換気をして掃除機を。外から持ち込まれたエネルギーをリセットし、落ち着いた状態に戻す効果が。

【キッチン】

―幸せな気持ちになれる、おいしい料理をつくるキッチンは愛情運に直結する場所。調味料類はあるべき場所に戻し、整理整頓。シンク、排水溝、冷蔵庫、電子レンジ、ガスレンジ、換気扇など、できるだけ簡単に汚れ取りができる場所から始めて、少しずつやっていくのが成功の秘訣。

❑夜のそうじ力　その日の運をリセットして翌日に備える

外出先で体についた汚れやその日に使ったモノの汚れは、当日中に落とします。

目には見えませんが、一日の終わりは、疲労のエネルギーをまとっています。そのまま寝てしまうと、マイナスのエネルギーが翌日に持ち越されてしまいます。体調に無理のない範囲で、その日のうちにリセットしましょう。

また、夜のそうじでエネルギーを使いすぎても翌日に響きます。リビングやキッチンは、使ったものの汚れをサッと落とす程度に。浴室も浴槽や洗い場などに髪の毛や汚れが残らないようにしておくなど、次に入浴する際に負担にならないように整えておきます。

快適な睡眠で疲れをとり、翌朝を気持ちよく迎えるための準備という意識がベストです。

夜そうじ力の例

- ☆帰宅したら手洗い、うがいをする
- ☆玄関で脱いだ靴は、少し時間をおいてから下駄箱に入れる、または揃えておく
- ☆夕食の調理で使ったまな板や包丁、ガスレンジ等の汚れを落とす

☆夕食のあと片づけ
☆お風呂で体の汚れ落とし
☆お風呂の浴槽、床、壁、排水溝など、目についたところをきれいにする
☆寝る前の歯磨きのあと、洗面所を拭く
☆寝室に不要なものがあれば片づける

部屋別・そうじの効果とポイント

【浴室】

――日中についた汚れを落とし、リセットをする場所。浴室のカビや湯アカ、排水溝のヌメりなどがあると、体の汚れを落としても、浴室の汚れが発するマイナスエネルギーを受けて慢性疲労につながることも。カビがあれば取り、浴槽や天井、壁、床、排水溝なども洗剤で洗い、ボディタオルも定期的に取り替えて。

【寝室】

――一日の始まりと終わりを過ごし、心と体にエネルギーを充電する場所。眠るために必要

なもの以外は余計な情報となり、安眠を阻害する要因に。睡眠に集中しやすい環境に整えましょう。空気中に残っているマイナスエネルギーを換気で外に出し、寝具や床、照明などについたホコリを取り除きます。枕カバーやシーツなどもマメに洗濯をし、清潔に。

❏週末のそうじ力　悪い流れを断ち切りたいときに

いつもより手間がかかりそうな作業は、時間に余裕のある週末などを利用します。たとえば、洋服やモノがぎゅうぎゅうに詰まったクローゼット、分解作業が必要になる排水溝、粗大ゴミの分別、照明器具の取り替えなどです。

ちょっと手はかかるけれど、やり終えたときの達成感はひとしお。家族で協力して行なうのもいいでしょう。最近なんだかツイていない、うまくいかないと感じるときにも、運気のリセット効果があるのでおすすめです。

また離れて暮らす実家の部屋の整理など、移動を伴う作業の場合は、夏休みや年末などまとまった休みが取れたときに、プチ大そうじのイメージで計画するのも一考です。

週末そうじ力の例

☆クローゼットの不要なものを捨てる。整理整頓
☆排水溝のカビ、ホコリ、ヌメりを取る
☆粗大ゴミを出す
☆照明器具を磨く、取り替える
☆部屋の模様替え
☆実家の不用品を捨てる、汚れ取り、整理整頓

部屋別・そうじの効果とポイント

【クローゼット】

―洋服や身につけるアイテムを収納する場所。自分を表現する洋服というアイテムが整理されていると、自分に似合う服や着て出かけるとラッキーを呼ぶ服がパッと思い浮かぶようになります。古くなったり、着なくなったりした服は処分し、洋服の汚れを取るなどメンテナンスも忘れずに。

【排水溝】

—家の中の汚れを流す場所。また家全体の気の流れを促す役割も持ちます。排水溝が汚れ、詰まると、人生や仕事に行き詰まりを感じたり、お金の流れも滞ったりします。キッチン、バスルーム、洗面所、洗濯機の防水パン、ベランダなど、家の水場に排水溝はあるので、それぞれフタを取って、分解できるものは取り外してきれいに洗って。

【照明】

—家の中を照らす照明。照明器具の汚れは、おもにホコリ。放置しておくと取れにくくなるので、時間があるときに外側のカバーを外し、浴室で中性洗剤を使って水洗いをするといいでしょう。水を拭き取ったら、から拭きで仕上げ磨きを。

いつものそうじを「運をよくする習慣」に変えるには

そうじ力の習慣化によって運は向上し続けますが、その過程には、「壁」がつきものです。壁を乗り越えるコツは、一日できた自分をほめること。それが自信となり、次の二日間を実行する力となります。

三日できると、それが次の四日間を実行する力になります。これで七日できたことになります。

この一週間の力は、残り三週間を続ける力となります。さらに、一か月続けた力は、三か月続ける力に、そして半年、一年、三年となります。三年以上になれば、それはもう完全に習慣化されているといえるでしょう。

とはいえ、先に書いたように、毎日そうじをしようと心に決めても、ほとんど全員がその壁を経験します。

セミナーに参加されたRさんも、「習慣化の壁」の経験者。どのような壁があり、どう乗り越えたのか、ご紹介します。

Rさんは、そうじ力の最初の一歩を、キッチンのそうじにしました。

家の中で、「いちばん気になるところはどこかな」と考えたらキッチンが思いあたり、まずはシンクやレンジまわりの汚れを取っていきました。

その日、汚れ取りが終わり、見違えるようにピカピカになったキッチンを見てスッキリした気持ちになり、それから三日間、キッチンを磨きながらモノの整理も始めました。

そうじがしやすくなるよう、シンクにあったスポンジや水切りラックを置きっぱなしにするのをやめ、生ゴミも出たらすぐに捨てるようにして三角コーナーも処分しました。

きれいになったキッチンのそうじを続けていると、五日目くらいにふと「そんなに汚れていないし、毎日続ける意味があるのかな」と疑問がわきました。

そのときRさんは、以前私が話していた「習慣化の壁」のことを思い出し、「これが壁かな。ここを乗り越えたら、習慣化できる」と思い直して、そうじを続けました。

一週間が達成できたとき、「こんなに続けられたことはない」と大きな喜びを感じ、そのまま三週間目まで無理なく継続。

四週間目になる頃、仕事などで忙しくなってそうじ習慣が崩れそうになったものの、「これもきっと壁。忙しい日は朝そうじできなくてもOK。今日中にやっておけばいい」と自分の中のルールをゆるくしたりして、乗り切りました。

そうして、今では三か月間、そうじを続けています。


習慣化するには、心と日常の生活が安定していないとできません。

つまり「壁」の正体のひとつは、心に揺さぶりをかける心理状態。もうひとつは、日常生活のルーティーン化を妨げる現象です。

「そうじを続ける意味はあるのかな」「面倒くさいな」「汚れてないから、まあいいか」などという思いがわいてきて、気持ちが揺らぎそうになることがあります。

また、物理的に生活が忙しくなったり、体調が不安定になったりするなど、外的要因でそうじのルーティーン化が崩れる現象が起こることもあります。


なぜ、そんな「壁」が現われるのか？

それは、**あなたの人生が一段上がるチャンスを迎えているから。**人が成長するとき、必ず、試されるような出来事が起こるからです。

❑「壁」はチャンス到来のシグナル！

「これが壁かな」と思ったら、工夫をして乗り越えましょう。

たとえば、四日目にやる気が起こらなくなったら、いつもは三〇分かけていたところを三分で終わらせてもいい。朝やっていたところを、昼でも夜でも、時間が見つかったときにやるようにしてもいい。ちょっとズルかな、と思っても、やめないでください。壁がやめさせようとしても、負けないでください。

壁はあなたが習慣化という目標に向かっているからこそ、体験できる貴重な経験。すでに以前よりも成長を遂げている証拠です。

だから、きっと乗り越えられます。

そうじを続けて、壁の先に待つ人生のうれしいごほうびを、ぜひ手に入れてください。

必ずできる! 新「三日坊主プログラム」

そうじ力の実践で、私がおすすめするのは「三日坊主プログラム」です。
三日坊主という言葉は、三日しか続かないという悪いイメージがありますよね。

しかし、前著『3日で運がよくなる「そうじ力」』でも書きましたが、「三日坊主」という言葉は仏教からきている言葉です。「三日しか(修行が)もたない坊主」という意味ともうひとつ、仏教の「集中の原理」として説かれている三日坊主は、「一日目で教学を諳《そら》んじ(暗記する)、二日目で教学を体得し、三日目で教学を実践することです。

つまり、**「三日間で集中して悟りを得る」**という意味です。

そうじ力では、後者の説をとって「三日坊主プログラム」として取り入れています。

ですから、私はまずは「三日間だけ、徹底的に部屋をきれいにしましょう」と、みなさんにお伝えしています。

三日間集中してそうじ力に取り組めば、必ず成果を体感することができるでしょう。その成果が喜びとなり、実績となります。

やり方ですが、まず三日間のテーマを設定します。

本書で紹介するのは、新「三日坊主プログラム」で、習慣化を目標としているので、ハードルをできる限り低くしているのがポイントです。

たとえば三日間のテーマ設定は次のように簡単にできるものにします。

一日目　換気をする
二日目　拭きそうじをする
三日目　今、捨てたいと思っているものを捨てる

三日間の計画を立てたら、次は「一日」に集中します。

一日目は「換気をする」がテーマなので、朝起きたら、五分間、窓を開けることに集中するのです。

始めるときに大切な心構えは「まず一日だけやろう」と思うことです。

そして一日できた自分を大きくほめます。

小さな成果を大きくほめる！　これが、とくに重要です。

なぜ、重要かというと、何事も最初の一歩にとても労力がかかるからです。

水車も最初のひと回しがいちばん動力を必要とします。

勉強しようと思っているのに、机に向かえなくてベッドでダラダラしてしまったり、教科書を開くまでに時間がかかってしまったりすることは、誰もが経験していることですよね。

そのときも「まず机に向かう」「まず教科書を開く」と決めて実行すると、そのあとはスルスルと勉強が継続できたりします。

そうじ力での最初の一歩も同じです。だから、窓を開けて換気をした自分を大いにほめましょう。

二日目は、拭きそうじです。

注意していただきたいのは、**家中のあらゆるところ全部を拭こうとしないこと**。範囲は決めないほうがいいのです。二日目に拭きたい場所を拭くだけでもＯＫとしましょう。

同じく三日目も、ひとつでも捨てることができればＯＫです。このようにハードルを下げて、「捨てた」という実績をほめましょう。

三日間できたら、三日間続けられたことを「すごい！　三日できた！」とほめましょう。三日坊主ができた自分を誇りに思いましょう。

きっとあなたはそうじが「うれしい、楽しい、気分がいい、スッキリする」ことだと感じることと思います。そう感じることができたら、また三日坊主を続けるといいのです。

覚悟を決めて三日間！ 人生が劇的に好転する大そうじ

そうじが持つ、運命を好転させる不思議な力。

その力を広くお伝えするために執筆した、文庫『3日で運がよくなる「そうじ力」』は、出版から十一年目で百万部を超えるベストセラーになりました。

これほど多くの方に読んでいただき、国内外で実践した読者の方々から、数えきれないほどのうれしい変化に関する報告をいただきました。

その体験者の方々の話を聞いているうちに、人生が大きく好転し、新たな人生のステージを引き寄せた方に共通する法則がわかりました。

とにかく**徹底的に実践する**こと。

それも短期集中。**三日間の大そうじを実践する**のです。

これによって部屋の状態が大きく変わります。

たとえば、「捨てる」では、部屋を占める物量が大きく減ります。

「汚れ取り」では、分解できるものはすべて分解して、見えない部分までていねいに汚れを取ります。

「整理整頓」では、残ったものを各収納場所でジャンル分けして置き場所の再点検。

これらを集中してやるには、ひとつのテーマで三日間はかかります。


この三日という時間がポイントです。

通常であれば二日は週末の休みにできますが、三日となると、一日仕事を休む必要があったり、三日目は疲れて動けなくなったりと、リスクが伴います。

しかし、「ここで人生を変えるんだ」という強い覚悟のもと集中して実行できれば、必ず劇的に効果が表われます。


私自身のお話をします。第1章で書いたように、私は二〇二二年までの四年間、活動休止状態でした。活動していない私の部屋はきれいにそうじされ、整っていました。しかし、作家してこの先どうするか、このままではいけない、という思いがありました。

そこで私は書斎の本棚を三日間、徹底的に大そうじしたのです。私の人生ともいえる本棚の本を一冊一冊見直すだけでも大変な作業でした。三日間、膨大な量の本と格闘しました。そして、今、これから自分に必要な本だけを残してすべて処分しました。

すると、整理整頓された本棚から、世界三十か国へ出版のビジョンが見えてきました。そして、その三か月後から次々に三冊、新しい書籍を出版することが決まりました。ビジョンが具現化していく流れが生まれたのです。

そうじ力の意味と効果を意識して大そうじを行なうと、予想をはるかに超える大きな変化があります。それは、世界中の読者の方とセミナー参加者のみなさんも証明してくださっています。

そのうれしい変化を次に実感するのが、あなたでありますように。

覚悟を決めて、新たな人生の扉を開く大そうじに挑戦してください!

エピローグ

世界にそうじ力を！

はじめて、そうじの力を知ったときの話をします。

私が八歳、小学二年生の頃だったと思います。

いつもは仲のいい両親が、大ゲンカを始めたのです。

父と母が、激しく口論をする姿をはじめて見た私は動揺して泣き出しそうになりました。

そのとき、かつて父が洗面所をピカピカにそうじをして、母がとても喜んでいたことを思い出しました。

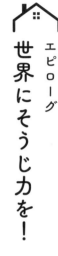

そこで私は、洗面所に行き、手洗い石鹸を使って、焦りながらも懸命にスポンジでシンクを磨き、タオルで鏡を磨き、蛇口をから拭きしてピカピカにしました。

そして、ケンカを続けている両親のところに行き、大声で「洗面所が大変だ！」と叫びました。

驚いた両親は、あわてて洗面所に来ました。

きれいになった洗面所を見て、母は、「すごい、ピカピカになってる！ 光洋がきれいにしてくれたの？」と驚きました。

父は「お父さんとお母さんがケンカしてしまってごめんね」といいました。

続けて母にも、「悪かった」と謝りました。

母も、「私もいいすぎました、ごめんなさい」と謝りました。

私は、二人が仲直りしてくれて、うれしい気持ちと安堵の気持ちから、こらえていた涙があふれ、わんわん泣いてしまいました。

両親も「ごめんね」といいながら泣きました。

私はこのとき、そうじをしてきれいにすると、あんなに激しかった両親のケンカが止まって、仲直りができて、いつものやさしい二人に戻るという経験をしました。


心を込めた、そうじには力がある。ケンカも止める力がある。

今回あらためて、そのときの思いが私の「そうじ力」の原点になっていると感じました。


私の夢は、世界のすみずみにまで、そうじ力を伝えることです。

そうじ力で世界を輝かせることです。

部屋をきれいにしながら、心をきれいにする人を増やすことです。


ひとつの家庭に、そうじ力を実践する人がひとりいれば、その家族が幸せになり、家庭が輝きます。その家庭で育った子どもは、幸せな家庭を築きます。ひとつの家庭が輝けば、となり近所に影響を与えることができます。その影響は地域に、市町村に、都道府県に広がり、日本が輝きます。やがて、世界が、地球が輝きます。

とても地道ですが、確実です。


そして、これはずっといい続けている大きな夢ですが、必ずや、「世界そうじ力デー」をつくります。

この日は、全世界が休日です。日々、地球に住まわせていただいていることに感謝をして、全世界でそうじをするのです。

私たちは、人種が違ったり、その国によって政治が違ったり、宗教が違ったりしますが、忘れてはならないことは、みな地球に住まわせていただいている事実です。これはこの星に住む全世界の人々に共通のことなのです。

年に一度、その日は、地球に住まわせていただいていることに感謝を深めていくのです。戦争ももちろん休戦です。戦争で破壊したり、汚したりしたところを、地球に「ごめんなさい」といいながら、一緒にきれいにしたらいいですよね。戦意は消えて、友情が芽生えるかもしれません。

各国の首脳が一堂に集まり、上着を脱いで、腕まくりをして、地球に感謝しながら、そうじをするのです。いい汗をかいたあとは、一緒にご飯を食べたら、きっと会話ははずむし、外交問題もなごやかに解決するでしょう。

そうじ力の「捨てる」の実践で、深い思い入れがあってなかなか捨てられないものとしての核ミサイルもいっせいに捨てられたらいいですね。

世界各国いろんなことがありますが、その日一日だけは、「あなたたちを住まわせてよかった」と、地球に微笑んでもらえるような日にしたいと思っています。

ここからです。
ともに始めましょう。
運命を大逆転しましょう。

ぞうきんを手に取り、ひと拭きしてください。
部屋を自分自身と思って拭いてください。

そこから、あなたが変わり、未来が変わるのです。
そうじ力を実践し続けていくとき、必ず道は開けていきます。
最高の自分を発揮して生きていくことができるようになっていきます。

あなたの能力が、多くの人を幸福にしていくのです。
そして、あなた自身が幸福になっていきます。
必ず人生は好転していきます。
無限の力がわいてきます。

あなたがいることで、まわりも元気になる、明るくなる、やる気が出る、希望が持てる、
そんなあなたになってください。
すべての悩みも、問題も、
すべての夢も希望も、地球の平和も、未来の平和も、
そう、すべて、すべてです。

そうじ力ですべてうまくいきます。

あとがき

二〇〇五年から「そうじ力」の活動を応援してくれていた大石千恵子さん。これまで何度もお目にかかったことはありましたが、昨年はじめて、ご自宅に招かれました。

そのときに、「あと三年、時間がほしい、もう少し人助けしたいのよ。あんた何とかしてくれない」といわれました。あと三年の時間を私にはどうすることもできませんでしたが、人助けをしたいという意志は受け継ぎ、活動を続けています。

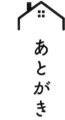

「あんたはいいときも悪いときも変わらないわねえ、そのままで行きなさい」

その言葉を大切にしていきます。これまで、本当にありがとうございました。

慣れないSNSを始めてからずっと私を励まし、自信をつけてくれたナレーターの下間都代子さん、そうじ力を総合プロデュースしてくれている大西恵美さん、そうじ力を支えてくれている狩野純一さん、阿久津智広さん、奥田純子さん、黒澤純恵さん、八津翠さん、山本千儀さん、大山理惠さん、桃井まゆみさん、宮本かよこさん、ライターの山岸凛さん、感謝の気持ちでいっぱいです。

執筆期間、支えてくれた妻と三人の子どもたち、いつもありがとう。

そうじ力を世界へ届けることを目標として再び活動を始めた私を、惜しみなくあと押ししてくださる本田健さん、心より感謝申し上げます。そして、健さんとのご縁をつないでくれたサクラさんこと櫻庭優子さん、最後の一年間を全力で、そうじ力に貢献してくれたこと、一生忘れません。

サクラさん、八ヶ岳で見た季節外れの桜、満開でとってもきれいだったね。もう私は大丈夫、仲間とともに進んでいくよ、たくさんの愛をありがとう。

そして最後に、本書を読んでくださったあなたに、心からの感謝を捧げます。

ありがとうございました。

舛田光洋

一生《いっしょう》、運《うん》がよくなり続《つづ》ける！
「そうじ力《りょく》」ですべてうまくいく

著　者——舛田光洋（ますだ・みつひろ）

発行者——押鐘太陽

発行所——株式会社三笠書房

〒102-0072 東京都千代田区飯田橋3-3-1
電話：(03)5226-5734（営業部）
：(03)5226-5731（編集部）
https://www.mikasashobo.co.jp

印　刷——誠宏印刷

製　本——若林製本工場

ISBN978-4-8379-2969-7 C0030